Parte de la serie
Semillas de Luz

¿HABRÁ ALGUIEN?

UN LLAMADO A QUIENES NACIERON PARA ALGO MÁS

SAÚL MIRANDA

El texto bíblico ha sido tomado de la versión Reina-Valera 1960.
© 1960 Sociedades Bíblicas en América Latina.
© Renovado 1988 Sociedades Bíblicas Unidas.
Utilizado con permiso.

Primera edición: diciembre, 2025
ISBN: 979-8-9942363-0-7

Imprint: Editorial Semillas de Luz
Impreso en USA

Edición y corrección de estilo: Elizabeth Vargas –
profa.vargas@gmail.com

Diseño y maquetación: Saúl Miranda
Publicado bajo el sello personal: Editorial Semillas de Luz

Contacto:
Saúl Miranda
✉ semillasdeluz2025@icloud.com

El estilo de escritura de Saúl Miranda me atrapó desde la primera línea.

Las reflexiones espirituales que comparte son increíblemente profundas, dando nuevo significado a historias bíblicas conocidas.

Este libro será de gran bendición para cualquiera que se haya preguntado si ha sido descalificado del llamado de Dios por alguna razón. También animará a todo cristiano que anhela una relación más profunda con Dios. Recomiendo ampliamente este libro y me alegra mucho haberlo leído.

— Jenny Alexander, Readers' Favorite (Reseña de 5 estrellas)

EDITORIAL SEMILLAS DE LUZ

Primeramente, a Dios, fuente de mi inspiración y propósito.

A Milka, mi esposa y mejor amiga, gracias por caminar conmigo en cada etapa.

A mis hijos, Christian, Joel y Jonathan, que nunca olviden que solo en Dios hallarán dirección.

*Y a ti, lector, porque estoy convencido de que en cada generación siempre habrá alguien que diga: **"Señor, aquí estoy."***

Ojalá que, al recorrer estas páginas, escuches tu propio nombre en el llamado de Dios.

ÍNDICE

PRÓLOGO

"Examíname, oh Dios, y conoce mi corazón; pruébame y conoce mis pensamientos; y ve si hay en mí camino de perversidad, y guíame en el camino eterno".

Salmo 139:23–24

David le pide a Dios que examine su vida profundamente, aun hasta sus pensamientos. Es como una cirugía exploratoria espiritual donde somos confrontados por Dios con nosotros mismos. Confrontación... palabra clave para mí en este camino literario.

Enfrentarme a la gran responsabilidad de presentar ante ustedes esta obra literaria de carácter espiritual me hace temblar y sentirme honrada. Digo que es una obra literaria porque el arte metafórico empleado por el autor, de principio a fin, sin lugar a duda te lleva a reconocer que solo una persona que conoce la Palabra de Dios puede dejarla plasmada de manera tan clara y precisa, en un lenguaje metafórico que penetra el alma, aun de aquellos que no la conozcan.

Confrontación es la palabra que golpeaba mi mente en este camino literario porque entiendo por confrontación el proceso de tener un encuentro cara a cara con la verdad. La lectura de cada capítulo presenta preguntas hechas por Dios, perturbadoras para mí, porque te llevan a la confrontación contigo misma, con tu yo interno que muchas veces no miramos ni nos detenemos a analizar porque nos asusta, nos debilita, porque reviven heridas pasadas o presentes que no se han cerrado y necesitan ser sanadas.

Cada capítulo nos recuerda la fidelidad de Dios… pero desde heridas diferentes.

Muchas veces lloré mientras leía, porque entendía que Dios hace preguntas no para recibir información, sino para transformarnos. Dios quiere tocarnos por dentro, transformar nuestro interior y nuestro corazón en el proceso de su cirugía divina.

Sobre todo, Dios me hablaba a través de este viaje literario y me confirmaba que las preguntas de Dios se convierten en un llamado a un ser imperfecto que necesita ser sacudido y transformado.

¿Quién mejor que Saúl Miranda Nieves para presentar esta obra literaria de carácter espiritual? Hombre de Dios que conozco desde niño. Lo he conocido como adorador, músico, director de coro, maestro. Sobre todo, como esposo de mi hija y padre ejemplar.

Ha sido moldeado en su proceso de vivir, donde hubo momentos en los que se alejó de sus principios fundamentales, pero en su nueva búsqueda entendió que la persona del Espíritu Santo llegó para formar su carácter, moldear su forma de pensar, corregir su forma de amar y alinear su manera de decidir. El Espíritu Santo vino a madurar su carácter y eso duele.

Él mismo dice en su escrito: "'Tengo cicatrices muy marcadas', pero escuché la voz de Dios que me decía: 'Porque tus heridas no descalifican mi llamado; son la habitación donde voy a manifestarme'".

Se hace realidad lo que 1 Corintios 1:27–29 nos dice:

"Dios escogió lo necio del mundo para avergonzar a los sabios;

y lo débil del mundo escogió Dios para avergonzar a lo fuerte; y lo vil del mundo y lo menospreciado escogió Dios, y lo que no es, para deshacer lo que es, a fin de que nadie se jacte en su presencia".

Admiro en Saúl su capacidad única y especial de presentar personajes bíblicos que, a través de la confrontación, con preguntas perturbadoras, que cambian el derrotero de vidas, pueden sacudir el alma, el espíritu y toda nuestra estructura interna.

Si fuéramos a concretizar cuál es el mensaje que yo, como lectora, recibo de esta obra literaria de carácter espiritual, diría que es plantearnos que todo llamado verdadero requiere de una entrega dolorosa. Dios no busca robots, sino aquellos que obedezcan su llamado; y antes de enviarte, Dios necesita sacudir tu despertar espiritual, tu mente renovada, romper moldes viejos y abrazar la mente de Cristo.

Saúl nos confronta con nuestras excusas ante la inminente pregunta: ¿Habrá alguien?

El libro hace el reto para que respondamos, porque Dios no llama a espectadores... Él llama participantes. Te llama a ti. Y este llamado se activa con una sola frase:

"Heme aquí, envíame a mí". Recuerda... no otro día. No otra temporada. Es hoy.

"¿A quién enviaré, y quién irá por nosotros? Entonces respondí yo: Heme aquí, envíame a mí".

Isaías 6:8

Revda. Luz Amparo Meléndez, NBCC
Consejera Nacional Certificada

PREFACIO

A lo largo de mi vida he escuchado a predicadores levantar la voz y preguntar:

"¿Habrá alguien que levante sus manos en adoración?"
"¿Habrá alguien que abra su corazón para recibir lo que Dios tiene hoy?"

Y esas preguntas tienen su lugar, pero hay una que me persigue con más fuerza. No es una invitación ligera a un gesto de momento. Es una pregunta eterna, urgente, ineludible. Es la voz de Dios mismo que atraviesa el corazón:

¿Habrá alguien?
- ¿Habrá alguien… que dé un paso más allá de la comodidad?

- ¿Habrá alguien… que suelte la excusa y abrace el llamado?

- ¿Habrá alguien… que se atreva a creer cuando todo alrededor grita lo contrario?

Porque la verdad es esta: todos tenemos excusas. El miedo, el cansancio, las comparaciones, las heridas, el pasado. Excusas que parecen razonables, pero que terminan convirtiéndose en cadenas invisibles. Y llega un momento en el que seguir acumulando excusas es lo mismo que renunciar al propósito.

Yo mismo he estado allí. He preguntado en silencio:
"¿Habrá alguien que me escuche?"

"¿Habrá alguien que me dé la mano?"
"¿Habrá alguien que me perdone después de fallar?"

Y descubrí que sí lo había: un Dios cercano, más real que mis dudas, extendiendo su mano en el momento exacto. Ese Dios es el mismo que te está llamando hoy.

No te pide perfección, solo disposición.
No te pide respuestas elaboradas, solo un corazón que diga: "Aquí estoy".

Este libro no es un ensayo teológico ni una colección de frases bonitas. Es una confrontación santa. Cada capítulo es una pregunta que Dios hace y cada pregunta demanda una respuesta.

Porque la voz del Espíritu Santo sigue resonando, clara y directa:

¿Habrá alguien que deje de esconderse detrás de excusas?
¿Habrá alguien que no negocie más con el miedo?
¿Habrá alguien que se levante en fe, aunque tiemble?
¿Habrá alguien que diga: "Señor, yo quiero ser ese alguien"?

No escribo para entretenerte. Escribo para despertarte. Para que, al cerrar este libro, no te quede otra opción que arrodillarte y responder al Dios que pregunta.

La pregunta está en el aire.
La respuesta está en tus labios.

— Saúl Miranda

EL UMBRAL
DEL LLAMADO

Hay un momento en la vida donde las excusas dejan de ser válidas y el silencio deja de ser cómodo. Ese momento llega cuando Dios formula una pregunta. No es una curiosidad ligera, no es un interés pasajero. Es una voz que corta la rutina, que atraviesa el corazón, que exige una respuesta.

Desde el principio, Dios ha escogido usar preguntas para revelar lo que realmente hay en nosotros. No porque Él necesite información —pues lo sabe todo—, sino porque una pregunta saca a la luz lo que escondemos bajo capas de miedo, de inseguridad o de orgullo.

Una pregunta de Dios no busca datos, busca despertar.

La Biblia entera es un diálogo divino con la humanidad. Preguntas que Dios hace a hombres y mujeres comunes, y que terminan marcando la historia. Preguntas que transforman un destino personal, pero que también abren un camino para generaciones. Cada interrogante del cielo trae consigo un eco que atraviesa los siglos y todavía hoy nos alcanza: "¿Habrá alguien…?"

Este libro nace de ese eco. No es un tratado académico ni un comentario teológico exhaustivo. Es más bien un viaje íntimo, una conversación abierta entre la voz de Dios y la respuesta del corazón humano. Un recorrido por momentos bíblicos donde una pregunta lo cambió todo: un pastor de ovejas que se convierte en libertador, un pescador temeroso que se transforma en predicador, un perseguidor que termina siendo apóstol.

Y aquí está la verdad: esas preguntas no quedaron atrapadas en la antigüedad. Siguen vivas, siguen resonando, siguen buscando eco en cada uno de nosotros. Porque la voz que preguntó a Moisés, a David, a Pedro o a Pablo es la misma que hoy te mira y te confronta.

Entrar en estas páginas es aceptar una invitación. Es ponerte en los zapatos de los que oyeron la voz de Dios y tuvieron que decidir si darían una respuesta. Es mirar tus manos, tus pensamientos, tus miedos y escuchar que el cielo susurra tu nombre con una pregunta directa.

No es una lectura cómoda. Será como un espejo que revela, como un fuego que purifica, como una brisa que susurra. Pero también es un viaje lleno de esperanza, porque cada pregunta divina no termina en condena, sino en propósito.

Estás en el umbral. Antes de la primera pregunta, antes de que se abran los capítulos de este diálogo eterno.

La decisión es tuya: ¿seguirás leyendo como un espectador curioso, o como alguien que ya siente que la voz le llama?

Porque al dar vuelta la página, no solo entrarás en la historia de Abraham. Entrarás en tu propia historia.

SECCIÓN I
FUNDAMENTOS DEL LLAMADO

CUANDO DIOS DESPIERTA LA FE Y FORMA EL CORAZÓN

CAPÍTULO 1

¿ME ENTREGARÍAS LO QUE MÁS AMAS?

CONFÍA EN LO ETERNO, PERO RINDE LO INMEDIATO

ABRAHAM

UNA LLAMADA DIFERENTE A LA RUTINA

A menudo imaginamos los llamados de Dios como algo "grande"; pensamos en las figuras que ocupan titulares o en los líderes que mueven multitudes.

Imaginamos a Moisés empuñando una vara que abre mares, o a políticos y gobernadores firmando leyes. Sin embargo, a los ojos del Creador no es el tamaño de la plataforma lo que define la magnitud del llamado, sino la obediencia con la que respondemos. Cada invitación de Dios —desde la más simple hasta la más visible— es una oportunidad para experimentar su carácter y su provisión.

Y hay un detalle clave: muchas veces Dios nos llama sin darnos un mapa. Su voz nos dice "ve", sin incluir todas las coordenadas. Nos dice "hazlo", sin proporcionarnos un presupuesto. Esto no es un error administrativo del cielo; es un diseño intencional. Cuanto más confiamos en Él, menos dependemos de los detalles para obedecer.

Dios nos dirige a través de puntos de fe, no de mapas detallados.

UN HOMBRE COMÚN CON UN LLAMADO EXTRAORDINARIO

En esta historia aparece Abraham, un nombre que resuena como "padre de la fe" y como el hombre que engendró un hijo a los cien años. Pero antes de convertirse en un patriarca, Abraham era "Abram"; un hombre de carne y hueso, con dudas y temores. Su nombre, Abram, significaba "padre exaltado", pero Dios cambiaría su nombre a "Abraham", "padre de multitud". Este cambio de nombre no fue marketing espiritual; fue el reflejo de una promesa divina.

Y, aunque hoy lo veneramos como un héroe, en su momento él tuvo que aprender a confiar en un Dios que le hablaba de una manera radicalmente nueva.

Para situarnos: Abram nació en Ur de los caldeos, una ciudad próspera en la antigua Mesopotamia. Su padre, Taré, partió con su familia rumbo a Canaán, pero se detuvo en Harán y se estableció allí. En ese lugar Dios le habló a Abram con palabras tan concisas como desconcertantes: *"Vete de tu tierra... a la tierra que yo te mostraré" (Génesis 12:1)*. Es decir: prepara las maletas y comienza a caminar; el destino te lo revelaré en el camino. ¿Quién emprende un viaje así?

Salió de Harán con su esposa Sarai y sus bienes. Los comentaristas estiman que desde Ur hasta Canaán hay casi 1,500 kilómetros (unos 930 millas). Para que lo visualices: sería como caminar hoy desde Orlando hasta Philadelphia. Y ojo: sin GPS, sin áreas de descanso, sin *Chick-fil-A* en el camino para parar a comer. En tiempos antiguos, recorrer esa distancia era una travesía que podía tomar meses, no días. Cada kilómetro era una oportunidad de arrepentirse y dar media vuelta. Sin embargo, Abram siguió. ¿Por qué? Porque la voz que escuchó no le pidió pruebas de su fe; le ofreció un pacto de confianza.

CONFIANZA A CIEGAS: EL PRIMER PASO SIN DETALLES

La fe bíblica no comienza con claridad; comienza con obediencia. En Génesis 12 vemos que Dios no le ofreció a Abraham un itinerario por adelantado. Simplemente le prometió que haría de él una nación grande, lo bendeciría y sería bendición para otros. Le prometió un nombre, un lugar y un propósito. Abraham no sabía los nombres de las ciudades por donde pasaría, no tenía una lista de anfitriones que lo recibirían en el camino. Tenía una promesa, un llamado y, sobre todo, una relación con un Dios nuevo y diferente a los dioses de su cultura. Respondió con una confianza radical: se fue sin saber adónde iba y sin negociar cada paso.

CUANDO LA PROMESA SE SIENTE LENTA: ISAAC Y EL TIEMPO DE DIOS

Los años pasaron. Abraham obedecía, pero no veía la realidad tangible de la promesa. Dios le había prometido que sería padre de muchas naciones, pero su esposa Sarai era estéril y el tiempo seguía corriendo.

A los 75 años obedeció y salió, tal como dice: *"Y era Abram de edad de setenta y cinco años cuando salió de Harán"* (*Génesis 12:4*), pero lo recibe a los 100 años (*Génesis 21:5*). Es decir, esperó un cuarto de siglo. ¿Y qué haces durante 25 años de espera? ¿Cómo sostienes la fe cuando los calendarios se alargan y las arrugas aparecen?

Cuando Abraham y Sara se adelantaron al plan de Dios, nació Ismael. Dios, en su misericordia, no lo rechazó, sino que le prometió a Agar: *"Haré también una nación del hijo de la sierva…"* (*Génesis 21:13*). Y esa nación creció, multiplicándose hasta convertirse en el origen de muchos de los pueblos árabes. Mientras Isaac fue el hijo de la promesa, Ismael también fue bendecido, pero el conflicto entre ambos comenzó en una tienda hace miles de años y todavía lo vemos reflejado en Medio Oriente. Dos hermanos, dos linajes, dos pueblos que comparten sangre y, al mismo tiempo, arrastran tensiones históricas.

Hasta hoy, cuando escuchamos noticias de guerras, divisiones o disputas por tierras sagradas, estamos presenciando los ecos de aquella decisión humana de adelantarse a lo que Dios había prometido. No anuló la promesa, Isaac siguió siendo el hijo del pacto, pero sí generó una cadena de conflictos que aún hieren al mundo. Todo comenzó con la impaciencia de un hombre y una mujer que pensaron que podían "ayudar" a Dios.

La enseñanza es clara y práctica para ti y para mí: cuando tratamos de forzar la promesa, creamos Ismaeles. Ismaeles que después lloramos, que traen división en la familia, que provocan tensiones en la iglesia o en nuestra vida personal. No es que Dios deje de cumplir su palabra, sino que nuestros atajos añaden batallas que no estaban en su diseño original. El precio de la impaciencia no siempre lo paga solo quien decide; muchas veces lo pagan también las generaciones que vienen detrás.

PROMESA CUMPLIDA Y CONFIANZA RENOVADA: LA LLEGADA DE ISAAC

A pesar de la impaciencia de Abraham y Sara, Dios fue fiel. Génesis 21 describe el milagro: "Visitó Jehová a Sara, como había dicho... Sara concibió y dio a Abraham un hijo en su vejez". Este fue el famoso Isaac, cuyo nombre significa "risa". ¿Por qué? Porque cuando Dios les anunció que tendrían un hijo, Sara se rio incrédula (*Génesis 18:12*). Y, años después, esa promesa trajo una risa diferente: la alegría de ver lo imposible hecho realidad.

Isaac no solo era un bebé; era el vínculo tangible de la promesa. En él descansaba el futuro de la nación que Dios levantaría. Cada mañana al despertar y ver a Isaac, Abraham recordaba la fidelidad de un Dios que no miente.

EL MAYOR DESAFÍO: ENTREGA LO QUE MÁS AMAS

No era la primera vez que Abraham entregaba un hijo. Años antes, había visto partir a Ismael, el hijo nacido de su impaciencia, cuando Dios le pidió que lo dejara ir. Por eso, cuando ahora Dios le pide a Isaac, no solo enfrenta una orden difícil, sino el peso de una historia que vuelve a doler.

Uno podría pensar que la historia termina con un final feliz: ¡promesa cumplida! Pero Dios todavía tenía que mostrarle algo más profundo a Abraham, algo que va más allá de recibir promesas: el valor de la entrega. En Génesis 22, Dios prueba a Abraham de manera extraordinaria: le pide que ofrezca a Isaac en sacrificio. A nuestros ojos modernos, esto suena brutal e incomprensible. Pero en la época de Abraham, los sacrificios eran comunes entre las culturas paganas. Lo radical aquí es que el mismo Dios que aborrece el sacrificio humano está pidiéndole a su siervo algo que chocaba con la promesa. ¿Cómo puede el Dios que promete vida pedir la muerte del hijo prometido?

No olvidemos un detalle: Dios le está hablando a un hombre que apenas está conociendo la voz del único Dios. No hay una Biblia en la mesa de Abraham. No hay un catálogo de sermones en *YouTube*. Lo único que tiene Abraham es una relación basada en lo que ha oído y experimentado. La fe de Abraham se basa en sus encuentros con Dios, no en un manual. Y entonces, en esa relación, Dios decide probar su corazón: ¿le obedecerás cuando el pedido amenace tu propia seguridad y tu entendimiento?

LA ESCENA EN MORIAH: OBEDIENCIA EN LA TENSIÓN

El monte Moriah es el escenario. Abraham se levanta temprano, prepara leña y emprende el viaje con su hijo y dos siervos. Tres días caminan hasta ver de lejos la colina donde Dios lo había guiado. ¿Qué conversaciones se habrán dado en ese camino? ¿Cómo ocultaba Abraham la tensión? Isaac, joven y perspicaz, nota la extraña ausencia de un cordero. Lleva la leña sobre sus hombros —un detalle que anticipa el porte de Jesús cargando su cruz— y pregunta: *"Padre, tenemos el fuego y la leña, pero ¿dónde está el cordero?"* (*Génesis 22:7*). La respuesta de Abraham es breve y poderosa: *"Dios proveerá"* (*Génesis 22:8*). En otras palabras: "No tengo los detalles. No veo el cordero. Pero confío en que Dios —que me llamó, me prometió y cumplió— proveerá".

Llegan, construyen un altar, colocan la leña. Abraham ata a Isaac. La escena se vuelve dramáticamente tensa: un padre levantando un cuchillo sobre su hijo amado. No porque no lo ame, sino precisamente porque lo ama. Cuando el cuchillo está en alto, una voz desde el cielo resuena:

> *"Abraham, Abraham No extiendas tu mano sobre el muchacho..."*
>
> (*Génesis 22:11–12*)

En ese momento, Abraham levanta la vista y ve un carnero enredado en un arbusto. Lo ofrece en lugar de Isaac. Y en ese altar, Abraham llama a ese lugar Jehová Jireh —"El Señor proveerá"— no porque Dios finalmente le dio algo que él merecía, sino porque Dios mostró que su provisión está en el lugar de la obediencia.

CONFÍA EN LO ETERNO, RINDE LO INMEDIATO

¿Qué implica confiar en lo eterno y rendir lo inmediato? Significa que, en nuestro diario vivir, habrá momentos donde Dios nos pedirá poner en pausa o dejar atrás algo que valoramos profundamente. No necesariamente para siempre, pero sí para comprobar que nuestro corazón no está arraigado a eso más que a Él. Estos "altares" pueden ser relaciones, sueños, hábitos, posiciones, incluso pasatiempos. Hay temporadas en las que Dios nos pide soltar algo que, aunque no sea malo en sí mismo, se ha convertido en un ídolo, en un foco de afecto que compite con el amor a Dios.

Nuestro mundo está lleno de "inmediatez". Todo es *"on demand"*: compras con un clic, comida en la puerta en 30 minutos, *streaming* sin comerciales. Y, sin darnos cuenta, trasladamos esta mentalidad a nuestra relación con Dios. Queremos que las promesas vengan con notificaciones *push*. Esperamos que su plan se ajuste a nuestro calendario. Cuando la espera se alarga, dudamos de su bondad. Pero la vida de Abraham nos recuerda que la fe abraza lo eterno: confía en la Palabra de Dios por encima de la línea del tiempo.

Rinde lo inmediato: reconoce que hay cosas que deben morir para que la promesa florezca.

MI PEQUEÑO "MORIAH" EN MI VIDA COTIDIANA

Crecí en el evangelio, pero no fue hasta los 19 años que entregué mi vida a Cristo de manera consciente. Desde ese momento, cada día en oración repetía lo mismo: "Señor, hazme de nuevo. Espíritu Santo, toma el control". Y aprendí pronto que cuando el Espíritu Santo toma en serio esa oración, empieza a señalarte cosas muy específicas que debes entregar.

Primero fueron amistades que me alejaban de Dios, luego hábitos que me ataban. Pero lo más difícil de todo no fue dejar lo malo, sino lo que yo amaba: el cine. No era solo un pasatiempo, era mi pasión. Podía ir dos o tres veces a la semana al cine. Llegué a cortar clases de la universidad solo para alcanzar la tanda de las 11:15 a. m. En casa tenía mi museo personal de VHS y DVDs, perfectamente organizados. El cine era mi refugio, mi altar privado de butacas rojas y palomitas de maíz.

Un día, en mi oración, Dios me habló al corazón: "Eso que tanto amas… quiero que lo entregues". Y te confieso que discutí con Él. "Señor, pero no es malo. No estoy dañando a nadie, no es pecado". Pero entendí algo que hasta hoy guardo:

Dios no siempre te pide lo malo, sino lo que se ha vuelto más importante que Él en tu vida.

Obedecí. Dejé de ir al cine. Guardé mi colección. Fueron uno o dos años completos sin pisar una sala. Y recuerda: esto fue antes de Netflix y Disney+. Era la época de Blockbuster. Yo era cliente VIP. El empleado me saludaba por nombre. Estoy convencido de que cuando dejé de ir, tuvieron una reunión de emergencia: "¿Y ahora qué hacemos sin Saúl? Se nos cayó el 50 por ciento de las ganancias".

Lo sorprendente fue lo que vino después. Lo que parecía una pérdida, Dios lo transformó en propósito. El tiempo que antes dedicaba al cine, Él lo llenó con oportunidades: liderar jóvenes, enseñar en Escuela Dominical, dirigir coros, escribir dramas, predicar, salir a cultos evangelísticos en la calle, participar en viajes misioneros y estudiar en el instituto bíblico. Dios no me estaba castigando; me estaba preparando. Ese sacrificio era, en realidad, una inversión.

Y en medio de todo esto, mientras yo "ayunaba de cine", Dios estaba escribiendo otra historia en paralelo. Yo ya conocía a Milka: ella era amiga de mi hermana, y yo, amigo de sus hermanos. Nos habíamos cruzado muchas veces, pero en carriles paralelos. Y aunque en ese tiempo todavía no sentía el famoso *tun-tun* en el corazón, ya veía en ella algo diferente: su belleza espiritual.

Hoy entiendo mejor la jugada de Dios. Me pidió soltar un ídolo de entretenimiento, y me dio a cambio un regalo eterno. Cambié las butacas del cine por un hogar estable. Guardé mi colección de VHS, y recibí la compañía de la mujer que Él había preparado para mí. Dejé Blockbuster y Dios me inscribió en un plan de por vida: Milka incluida, sin fecha de vencimiento. Lo que parecía sacrificio fue, en realidad, el inicio de una vida enfocada en el propósito. Aprendí que cuando obedeces y rindes lo inmediato, descubres que lo eterno siempre vale infinitamente más.

LA LLAMADA INESPERADA: UNA LECCIÓN RECIENTE SOBRE EL TIEMPO DE DIOS

Quiero contar una historia reciente que me impactó profundamente y que ilustra cómo Dios actúa según su calendario, no el nuestro. Hace poco, escuchaba una predicación del pastor Steven Furtick, quien hablaba sobre Abraham y el principio de *"let it go"* (déjalo ir) en relación con la promesa y el sacrificio. Él describía como a veces queremos que las promesas se cumplan en nuestro calendario, pero Dios tiene el suyo. Mientras escuchaba con entusiasmo esa enseñanza, mi teléfono sonó con un *FaceTime*. Era Jean Carlos, mi sobrino político (sobrino de mi esposa, Milka). Era inusual que él me llamara por videollamada, así que contesté.

Jean Carlos estaba emocionado hasta las lágrimas. Me dijo: "Tío, recuerda que Jonathan —mi hijo menor— viajó a Tampa para un concierto de *Elevation Rhythm*". (Paréntesis, si no sabes, *Elevation Rhythm* es la agrupación juvenil de *Elevation Church*, la iglesia del pastor Furtick). Después del concierto, ofrecieron la oportunidad de bautizarse de inmediato. Jonathan estaba indeciso porque quería que lo acompañáramos en ese momento tan especial. Pero, luego de orar, decidió hacerlo. Jean Carlos me llamó para que Milka y yo pudiéramos verlo en directo a través del celular.

Milka y yo nos conectamos y vimos a Jonathan dentro de la piscina bautismal, con una mezcla de nervios y alegría. Lo vimos descender a las aguas y salir con lágrimas. ¡Fue un momento sagrado! No fue en nuestro calendario ni en nuestra iglesia. Fue en el momento y el lugar donde Dios lo quiso. Su sonrisa mojada y su abrazo con su novia eran testimonio de una decisión eterna. Después del bautismo, nos contó lo especial que este momento era para él y que este paso era la confirmación de su fe. Milka lloraba y reía a la vez; yo tenía un nudo en la garganta. No planeamos ese bautismo, pero Dios lo orquestó a su tiempo.

Ese día entendimos de nuevo: no podemos programar la obra de Dios en la vida de nuestros hijos. Podemos orar, orientar, acompañar, pero la dirección del camino la determina el Señor. Jonathan decidió ser bautizado porque Dios lo llamó en ese momento. Ni antes ni después. Si se hubiera bautizado por presión nuestra, quizá no habría sido igual de significativo. Ese *FaceTime* improvisado se convirtió en un altar de agradecimiento. Lo único que pudimos hacer fue alegrarnos y recordar que Dios provee momentos perfectos, aunque no estén en nuestra agenda.

Y ahí comprendimos otra vez que el reloj de Dios nunca llega tarde, llega justo a tiempo para el corazón que está listo.

APRENDER A ESPERAR Y SOLTAR: EL CALENDARIO DIVINO

Esta lección se conecta con Abraham: él esperó 25 años por Isaac. Nosotros esperamos años por la conversión o el crecimiento espiritual de un ser querido. Nos impacientamos, pero Dios no opera con nuestra agenda. Él no se retrasa ni se adelanta; llega a tiempo.

¿Qué hacemos entonces? A veces lo único que podemos hacer es "sintonizar" con el plan de Dios, no sabemos la ruta exacta, pero confiamos en quien conduce el camino. Rendimos el control. Y, mientras caminamos, surgen oportunidades que solo la fe ve.

Hay momentos en que Dios nos invita a quedarnos quietos: *"Jehová peleará por vosotros, y vosotros estaréis tranquilos"* (Éxodo 14:14) y otros en que nos urge a avanzar: *"Entonces Jehová dijo a Moisés: ¿Por qué clamas a mí? Di a los hijos de Israel que marchen"* (Éxodo 14:15). Ambos movimientos requieren fe. Esperar no es inactividad; es expectativa activa. Recordemos que hay promesas que se cumplen rápido y otras que parecen retardarse. Hebreos 11 nos dice que muchos murieron sin recibir lo prometido, pero lo saludaron desde lejos. La fe trasciende nuestros calendarios y nos enfoca en la eternidad. Aun si no vemos todo ahora, confiamos en que la historia de Dios no termina con nuestras lágrimas ni con nuestras desilusiones.

FE QUE NO NEGOCIA DETALLES

Volvamos a la escena de Moriah y pensemos en nuestra vida. ¿Qué significa hoy obedecer sin negociar detalles? A veces Dios nos pide abandonar hábitos que nos dan placer, pero nos alejan de su presencia. Otras, nos llama a dar generosamente cuando la calculadora grita "no hay presupuesto". También puede pedirnos soltar una relación que se ha vuelto un ídolo, o renunciar a un sueño profesional que ya no se alinea con su propósito. Nuestra respuesta se parece a la de Isaac: "Padre, tenemos el fuego y la leña, pero ¿dónde está el cordero?". Y Dios responde: "Yo proveeré.

Suelta el cuchillo; confía en mí". Esta fe no es irracional; es confiada. Abraham no era un robot sin sentimientos, era un padre enamorado de su hijo. Pero entendió que Dios no le pedía la vida de Isaac porque necesitara su cuerpo; le pedía su corazón. El carnero en el arbusto (Jehová Jireh) aparece cuando el corazón está dispuesto a obedecer.

Cuando confiamos, no exigimos explicaciones; cuando desconfiamos, pedimos todos los detalles. Pasa lo mismo con nuestros hijos adolescentes. Si confiamos en ellos, basta con decir "vuelve a tal hora", pero si la confianza es frágil, multiplicamos preguntas, ubicación en vivo y fotos. Mientras menos confiamos, más datos queremos. Con Dios es igual, una fe madura no está obsesionada con la ruta, sino con el guía. Es decir: "Señor, no necesito todo el itinerario, necesito tu presencia". La verdadera fe es como ese hijo que, tras recibir permiso, no pregunta veinte veces "¿y si...?"; confía en que la instrucción del Padre es suficiente.

Al madurar en Cristo aprendemos a vivir así: menos obsesionados con los detalles, más enfocados en su voz.

UN ESPEJO DE FE

Hebreos 11 es conocido como el "Salón de la Fe". Allí se menciona a Abraham, junto a otros héroes, como ejemplos de confianza radical. La carta dice: *"Por la fe Abraham, cuando fue llamado, obedeció para salir al lugar que había de recibir... salió sin saber a dónde iba"*. Y también: *"Por la fe Abraham, cuando fue probado, ofreció a Isaac"*.

El escritor de Hebreos destaca que Abraham lo hizo "razonando que Dios tiene poder para resucitar aun de entre los muertos". Él sabía que, si Dios le había prometido que en Isaac vendría la descendencia, entonces, aunque se lo pidiera en sacrificio, Dios lo resucitaría si fuera necesario. Esa es la fe que confía en lo eterno; cree que las promesas de Dios tienen la última palabra, incluso por encima de la muerte.

ESPERAR NO ES PERDER EL TIEMPO: LA PACIENCIA COMO ACTO DE FE

La espera de Abraham nos enseña que ser pacientes no es pasividad. Esperar 25 años no fue ver la televisión y contar días. Fue edificar altares, pastorear ovejas, viajar por tierras desconocidas, tratar con conflictos, escuchar a Dios. La paciencia es un acto de fe porque se basa en la confianza en el carácter de Dios. Santiago 1:3–4 dice: *"Sabiendo que la prueba de vuestra fe produce paciencia; y la paciencia tenga su obra completa, para que seáis perfectos y cabales, sin que os falte cosa alguna"*. La espera es un laboratorio donde Dios refina nuestra fe. Cuando queremos controlar el calendario divino, revelamos que nuestra confianza es frágil. Dios, en cambio, nos invita a recordar que Él es el autor del tiempo.

¿QUÉ ES TU ISAAC?

Aunque no vivimos en la época de Abraham ni escuchamos la misma orden, las pruebas de Dios siguen siendo reales. Nuestro "Isaac" puede ser un sueño profesional, una relación amorosa, un plan de vida o un hobby que se ha adueñado de nuestra pasión. No se trata de que Dios disfrute pidiéndonos cosas incómodas. Se trata de un Padre que sabe que, si no estamos dispuestos a soltar, nunca veremos su provisión completa. Si Abraham se hubiera aferrado a Isaac y se hubiera negado a obedecer, Isaac habría vivido, pero Abraham no habría conocido a Jehová Jireh. Habría quedado atrapado en un nivel de fe que no experimentó la mayor provisión.

Por eso, es válido preguntarnos: ¿Qué hay en mi vida que compite con Dios por mi tiempo, mis pensamientos y mis recursos? ¿Qué me pide Dios soltar para confiar en lo eterno? No siempre será algo pecaminoso. A veces será algo bueno que se ha vuelto demasiado importante. Cuando intentamos 'ayudar' a Dios, no cancelamos la promesa, pero complicamos el camino. En tu caso, podrían ser las redes sociales, los videojuegos, una relación tóxica, un sueño profesional o incluso, tu propia reputación.

UNA INVITACIÓN A CONFIAR COMO ABRAHAM

Hemos recorrido la historia de Abraham y nos hemos detenido en su llamado, su espera, sus errores, la promesa de Isaac y la prueba en Moriah. ¿Qué queda? No se trata de ser perfectos —Abraham no lo fue—, sino de responder a la invitación de Dios con obediencia confiada. Alguien puede decir: "Yo nunca podría hacer lo que Abraham hizo". Y quizá tienes razón: Dios no te está pidiendo sacrificar un hijo. Pero sí te llama a un acto de fe que, para ti, se siente igual de radical. No mires la grandeza del sacrificio, mira la grandeza de la promesa. No te enfoques en el cuchillo; enfócate en la voz que te dice: "Yo te proveeré".

UN ALTAR EN NUESTROS DÍAS

Al final, la historia de Abraham nos deja con preguntas y desafíos. ¿Qué altar estamos dispuestos a levantar en nuestra vida? ¿Hasta qué punto confiamos en que Dios tiene un carnero para cada obediencia? ¿Estamos dispuestos a ser conocidos por la fe en vez de por nuestros logros? La vida es una serie de altares: el altar del llamado, el de la espera, el del error, el de la promesa cumplida y el de la entrega. Cada altar es un encuentro con el Dios que nos llama a rendir lo inmediato para abrazar lo eterno.

Si te encuentras en un tiempo de espera, recuerda que Dios no está detenido. Él trabaja en silencio. Si estás tentado a tomar atajos, recuerda a Ismael y las tensiones que surgieron. Si Dios te pide un sacrificio, recuerda que hay un carnero que solo verás cuando subas al monte. Y si sientes que no puedes soltar lo que amas, mira a Jesús. Él entregó su vida —lo más preciado— para que tú y yo fuéramos llamados hijos de Dios. Su sacrificio en la cruz es la prueba máxima de que Dios provee. En Cristo, hemos recibido una promesa mayor que Isaac, un nombre nuevo mayor que Abraham y una esperanza que trasciende nuestras lágrimas.

Si hoy estás esperando, Dios no está inactivo. Si hoy te tientan los atajos, recuerda que cobran peaje. Si hoy te pide algo valioso, mira hacia el matorral; la provisión te espera en el lugar de la obediencia.

ORA ASÍ (EN VOZ ALTA, SI PUEDES)

Señor, prefiero tu presencia a mis planes.

Te confío lo que más amo; no me pertenece, es tuyo.

Dame pasos firmes cuando no tenga hoja de ruta.

Enséñame a confiar en tu proceso cuando no entiendo el propósito.

Gracias, Jehová Jireh; en tu monte siempre hay provisión. Amén.

Esta oración es un punto de partida. Lo demás, como dice Hebreos 12:2, dependerá de que *"fijemos los ojos en Jesús, el autor y consumador de nuestra fe"*. Él comenzó esta obra en ti y la terminará. Tu papel es confiar. El suyo, proveer. Confía en lo eterno, rinde lo inmediato… y prepárate para ver la provisión en el monte, en tu propio Moriah.

Al final, quien confía no necesita el mapa; necesita al guía. Sube al monte con lo que amas en la mano; baja con el corazón más libre y la fe más viva.

CAPÍTULO 2

¿PERDONARÁS?

DENTRO DE CADA HERIDA HAY UNA DECISIÓN QUE CAMBIA DESTINOS

JOSÉ

"Pero José les respondió: No tengan miedo. ¿Acaso estoy yo en lugar de Dios? Ustedes pensaron hacerme mal, pero Dios lo encaminó a bien, para hacer lo que vemos hoy: mantener en vida a mucha gente".

(Génesis 50:19–20)

No es el ataque lo que define tu destino, sino lo que haces después del ataque. La traición duele, pero más peligroso que la herida es el veneno que puede quedarse dentro. El enemigo no gana cuando te hiere; gana cuando te amarga.

SUEÑOS Y TÚNICA — LA HERIDA INESPERADA

José era un adolescente cuando Dios le regaló sueños que no cabían en su casa ni en su época. En uno de ellos veía a sus hermanos inclinarse ante su gavilla; en otro veía al sol, la luna y las estrellas postrarse ante él.

Su padre Jacob le dio también una túnica de colores, cómo si el favor divino necesitara un uniforme. Era un gesto de amor de un padre a su hijo favorito, pero en una familia donde el celo y la competencia ya estaban al límite, esa túnica era gasolina en un incendio. Sus hermanos se sintieron desplazados. En su mesa empezaron a cocinar planes de muerte. José no buscó ser odiado; fue odiado por ser bendecido. La herida vino sin que él la provocara.

Aquí se ubica la primera decisión: José podría haber sido consumido por el dolor de ser incomprendido o por el orgullo de ser especial. En cambio, guardó los sueños de Dios y respetó la autoridad de su padre. No buscó fama, buscó obediencia. Su identidad no estuvo en el color de su túnica, sino en la palabra de Dios. Esa decisión le permitió sobrevivir cuando la túnica fuera arrancada y hecha pedazos.

Tal vez tu "túnica" es un don, una oportunidad o un favor que otros no entienden. Tal vez has sido herido por ser distinto o por compartir tu visión. No puedes evitar que la envidia de otros te corte la ropa, pero sí puedes decidir que tu identidad no está en lo que llevas puesto. El perdón comienza cuando decides no vivir a la defensiva. No necesitas pedir perdón por ser bendecido; necesitas administrar el favor con humildad. Perdonar no siempre comienza reconociendo una culpa, sino reconociendo una herida. José no tuvo que pedir perdón por los sueños que Dios le dio ni por el favor que recibió, pero sí tuvo que cargar con el dolor que esos sueños despertaron en otros. A veces, aunque no hayamos hecho nada incorrecto, el amor nos lleva a buscar reconciliación con quienes se sintieron desplazados, heridos o confundidos. El perdón madura cuando dejamos de preguntarnos quién tuvo la razón y empezamos a preguntarnos cómo sanar lo que se rompió. No se trata de negar la bendición, sino de administrar el favor con humildad y con un corazón dispuesto a restaurar.

EL POZO —
EL PRIMER CRUCE DE CAMINOS

Los planes de los hermanos pasaron de murmullos a acciones. Un día, mientras cuidaban los rebaños, lo vieron venir a la distancia y conspiraron para matarlo. Rubén logró que no derramaran su sangre; en su lugar, lo despojaron de la túnica y lo arrojaron a un pozo seco. Luego, cuando Rubén se alejó, Judá sugirió venderlo a unos mercaderes ismaelitas que pasaban. Por veinte piezas de plata entregaron a su hermano a una caravana que se dirigía a Egipto.

Ahí, en la oscuridad de un pozo que olía a tierra húmeda y abandono, José tuvo que decidir qué hacer con su dolor. Podía llenar su corazón de odio y planear venganza, o podía poner su vida en manos de Dios. Eligió lo segundo. La Biblia no detalla sus pensamientos, pero la historia lo prueba: no permitió que la amargura se convirtiera en su identidad. En vez de gritar maldiciones, guardó silencio. En vez de jurar venganza, escogió confiar.

Todos tenemos pozos. Un diagnóstico, una traición, una quiebra, una despedida, un secreto que nos arrojaron sin pedirlo. El pozo no es el final, pero puede convertirse en tumba si la amargura te entierra. La pregunta no es si caerás en un pozo, sino cómo saldrás del pozo que ya tienes. Puedes amargarte por lo que te hicieron o puedes decidir que nadie tiene poder para detener el plan de Dios. El perdón empieza cuando reconoces que tu corazón es más valioso que cualquier túnica que te quitaron.

CASA DE POTIFAR — INTEGRIDAD BAJO PRESIÓN

Los mercaderes lo llevaron a Egipto y lo vendieron a Potifar, capitán de la guardia del faraón. José era un esclavo sin derechos, pero su carácter no necesitaba título para sobresalir. Pronto, Potifar vio que todo lo que José tocaba prosperaba, así que lo puso a cargo de su casa. José administró con fidelidad.

Su ascenso dentro de la esclavitud era la recompensa de alguien que sabía servir.

Y entonces llegó otra prueba: la esposa de Potifar fijó sus ojos en él. Día tras día lo invitaba a su cama. Para José hubiera sido fácil justificar una aventura; nadie lo veía, nadie se enteraría, "algo bueno tiene que haber en todo esto". En cambio, respondió con una de las frases más radicales de la Biblia: *"¿Cómo podría yo hacer esta maldad y pecar contra Dios?"* *(Génesis 39:9)*. La decisión fue perder su puesto antes que su integridad. Ella, resentida, lo acusó de intento de violación y Potifar lo encarceló sin juicio.

La decisión: José prefirió obedecer a Dios sin testigos antes que complacer a su carne sin consecuencias inmediatas. El perdón y la fidelidad van de la mano. Quien no se deja seducir por la amargura, tampoco se deja seducir por la tentación. Su corazón estaba gobernado por Dios, no por las circunstancias.

Cuando la vida te hiere, la tentación de escaparte con un placer prohibido se vuelve más fuerte. Puedes pensar: "Me deben algo", "merece la pena pecar", "nadie lo sabrá". Pero la integridad es una decisión que tomas cuando las luces están apagadas. El perdón también se juega en esas habitaciones donde nadie te ve: en cómo hablas de quien te hirió, en cómo tratas a quien te lastimó, en cómo administras tu dolor.

Ser fiel en lo pequeño y en lo secreto te prepara para administrar lo grande y lo público.

LA CÁRCEL — FIEL EN LO OSCURO

Inocente, pero encerrado, José cayó en la cárcel que estaba debajo de la casa de Potifar. Allí no había túnica de colores ni cargos de confianza. Sin embargo, su carácter no necesitaba escenarios. En poco tiempo, el jefe de los carceleros le confió el cuidado de los presos. José los servía y escuchaba. Su fidelidad no dependía de la audiencia.

En la cárcel conoció a dos hombres: el copero y el panadero del faraón, que habían sido enviados allí por una ofensa desconocida. Ambos tuvieron sueños perturbadores. José los escuchó con atención y, por revelación de Dios, interpretó sus sueños. Al copero le anunció que sería restaurado a su puesto; al panadero, que sería ejecutado. Y así fue. José pidió al copero que se acordara de él cuando fuera restaurado, pero el hombre lo olvidó por completo. Pasaron dos años más en la sombra.

Decisión: en la oscuridad, José siguió sirviendo. No guardó silencio por resentimiento. No dejó de interpretar sueños ajenos porque sus propios sueños estaban en pausa. Su fidelidad en lo pequeño sembró la semilla de su liberación. Cuando el faraón tuvo un sueño que nadie podía interpretar, el copero recordó al hebreo de la cárcel y lo nombró.

A veces el pozo dura años. La injusticia parece prolongarse, y el recuerdo de lo que te hicieron duele más porque se mezcla con el silencio de los demás. El perdón se cultiva en estas celdas. Cada vez que eliges hablar bien cuando podrías hablar mal, cada vez que eliges servir cuando podrías hundirte en autocompasión, estás interpretando sueños que no son tuyos. Y un día, sin que lo esperes, alguien recordará tu nombre.

La puerta que se abre de repente se sostiene sobre la obediencia silenciosa de ayer.

PALACIO — MAYORDOMÍA DEL FAVOR

Cuando el faraón soñó con vacas flacas devorando vacas gordas y espigas secas devorando espigas llenas, nadie en Egipto pudo interpretar el mensaje. Fue entonces cuando el copero le habló de José. Lo sacaron de la cárcel, lo afeitaron, lo cambiaron y lo llevaron ante el trono. José escuchó el sueño y, con humildad, dijo: *"No está en mí; Dios dará respuesta favorable" (Génesis 41:16)*. Interpretó que vendrían siete años de abundancia seguidos de siete años de hambruna. Propuso un plan de recolección y administración para salvar al país del hambre. El faraón, impresionado, lo nombró gobernador de Egipto, segundo en mando. Le dio un anillo de sellar, un nombre egipcio y esposa. A José no le ascendió Potifar ni el copero ni el faraón; lo ascendió Dios por su carácter.

Decisión: José no usó su posición para vengarse ni para presumir. Usó su poder para preservar vidas. La mayor tentación del perdón no está solo en el dolor; está en el momento en que podrías ajustar cuentas. José eligió gobernar con gracia, no con rencor. Administró los recursos de Egipto con prudencia y abrió graneros para alimentar no solo a la nación, sino a los pueblos alrededor.

A veces la prueba no es el dolor, sino el favor. Cuando te llegue la oportunidad de hacer justicia a tu manera, recuerda que eres administrador, no dueño. El perdón se demuestra en cómo usas tu influencia. ¿Será para humillar a quienes te humillaron o para darles pan? ¿Será para pavonearte con tu anillo o para extender la mesa? El favor de Dios no es para exhibirlo como túnica, sino para servir como José.

REENCUENTRO —
GRACIA SOBRE LA OFENSA

La hambruna golpeó la tierra y Jacob envió a sus hijos a Egipto para comprar trigo. José, vestido como egipcio, los reconoció enseguida. Ellos no lo reconocieron. Los acusó de espías y retuvo a Simeón como rehén. Les exigió que trajeran a Benjamín para comprobar su honestidad. Era una prueba para ver si seguían siendo los mismos que lo habían vendido.

Cuando regresaron con Benjamín, José preparó un banquete para ellos, lloró en secreto y luego volvió a ponerlos a prueba escondiendo su copa en el saco de Benjamín. Al encontrarla, amenazó con tomar a Benjamín como esclavo. Entonces Judá se ofreció en su lugar. Ese gesto de sacrificio rompió la pared.

José ya no pudo contenerse. Se apartó para llorar, luego volvió gritando: *"¡Yo soy José!"* (*Génesis 45:3*). En ese momento, el pasado y el presente se abrazaron. Los hermanos se estremecieron, pensando que morirían. Pero José se acercó, los besó y dijo: *"Ustedes pensaron hacerme mal; Dios lo encaminó a bien"* (*Génesis 50:20*). Les contó que lo que vivió fue para preservarles la vida. Los invitó a traer a su padre y a toda la familia a Egipto. Les dio tierras en Gosén y cuidó de ellos. No guardó resentimiento; usó su poder para darles techo y pan. Al morir su padre, los hermanos volvieron a temer, pero José reafirmó su perdón y prometió cuidarlos.

Decisión: José transformó la deuda en provisión. No negó la traición; la interpretó a la luz del propósito divino. Su perdón no borró el pasado; le cambió el significado. Tomó la herida y la convirtió en puente.

En algún momento, quien te hirió puede volver a tu vida. Estarás en el palacio de tu llamado y recordarás el pozo de tu dolor. Entonces decidirás: ¿los arrojarás fuera o los invitarás a tu mesa? El perdón no es ingenuidad; es valentía. Demanda pruebas, observa fruto, establece límites. Pero cuando ve arrepentimiento, se atreve a abrazar.

Porque el perdón transforma víctimas en canales: tu vida puede alimentar a otros, aun a quienes te hirieron.

PERDONAR NO BORRA EL PASADO; LO REDIME

Cuando José dijo: "Dios lo encaminó a bien", no justificó el pecado de sus hermanos ni la mentira de la esposa de Potifar ni el olvido del copero. Nombró cada mal, pero lo colocó en manos de Dios. Eso es perdón: no fingir que no duele, sino permitir que Dios cambie el propósito de ese dolor. La cicatriz queda, pero ya no es un recordatorio de fracaso; es un testimonio de gracia.

La cruz es la mayor muestra: la muerte del inocente fue la salvación de los culpables. Lo que el diablo planeó para destruir, Dios lo usó para redimir al mundo. Así, tu historia rota puede ser partitura de un milagro, si decides entregarla.

Decir "perdonar es olvidar" es un mito peligroso. No necesitas borrar la memoria para sanar; necesitas reinterpretarla. No necesitas decir que lo malo fue bueno; necesitas confesar el mal y confiar en la justicia de Dios. No necesitas seguir caminando con quien te hirió si no hay fruto de arrepentimiento o de cambio; necesitas liberarte del rencor para poder descansar. El perdón no obliga a restaurar de inmediato; deja abierta la puerta para cuando haya arrepentimiento, límites y sabiduría.

Perdonar no significa que no volverás a sentir dolor; significa que has tomado la decisión de no alimentar ese dolor.

EL PERDÓN COMO GOBIERNO INTERIOR

Jesús enseñó: "Amen a sus enemigos, bendigan a quienes los maldicen, hagan bien a los que los aborrecen y oren por los que los ultrajan y persiguen".

Eso no es debilidad. Es el gobierno del espíritu sobre la carne. Requiere valentía negarte a ti mismo. Cuando la esposa de Potifar tomó a José por la capa, él no se dejó arrastrar; se zafó y huyó. Cuando sus hermanos se arrodillaron delante de él, José no los humilló; los levantó y los proveyó. Esa es la fuerza de quien ha perdonado: renuncia al derecho de venganza porque confía en un Dios justo.

Perdonar no te hace débil; te hace libre. La amargura es un grillete que llevas creyendo que castiga al otro, pero solo te encadena a tu dolor. La gracia abre la puerta. La justicia de Dios no se cancela porque perdones; al contrario, el perdón te permite dejar de ser juez. Tú no minimizas el delito, simplemente le entregas el caso al único juez perfecto.

LA PARTE OSCURA PRECEDE A LA PARTE BUENA

"Por la noche durará el lloro, y a la mañana vendrá la alegría" (Salmo 30:5). Entre el pozo y el palacio hay noches. Entre la traición y la provisión hay silencio. Y allí se forja el perdón. La oscuridad no es un párrafo descartable; es un capítulo necesario. La paciencia produce carácter y el carácter produce esperanza.

José no pudo adelantar su serie; no tuvo control remoto para saltar el sufrimiento. Cada escena formó su corazón. La prueba no era castigo; era preparación. Así también, tu proceso no es un accidente; es un taller donde Dios pule tu alma. Abrazarlo es confiar en que incluso la noche está dentro del plan del día.

UN DESBLOQUEO QUE DESATA MILAGROS

Permíteme llevarte a una historia menos antigua, pero igual de real. Rolando y yo fuimos amigos inseparables. Soñábamos con películas evangelísticas, dramatizaciones que cambiarían vidas. Compartimos comidas, iglesias, proyectos. Éramos de diferentes denominaciones, pero la pasión por Dios nos unía. Incluso me pidió ser su padrino de bodas, y mi familia lo trataba como hijo.

Los años pasaron, las ciudades cambiaron, los matrimonios llegaron, y nuestra amistad seguía. Hasta que un comentario, un gesto, un malentendido nos dividió. Fue algo tan pequeño que hoy ni siquiera recuerdo los detalles. Pero alimenté ese enfado como si fuera un jardín de rosas. No lo enfrenté; lo regué con silencio y orgullo. Y lo que comenzó como una espina se convirtió en un muro. Bloqueé su número, su perfil, su nombre de mis oraciones. Me dije: "No necesito a Rolando". Pasaron cinco años.

Dios me bendecía, pero cada vez que buscaba su presencia había una sensación extraña, como una gota que no se evaporaba. Le pregunté: "Señor, ¿qué es esto?". Y la convicción llegó: "Rolando". Me reí. ¿Rolando? ¿Cinco años después? Pero la insistencia fue tal que supe que era Dios. Me rendí a lo absurdo y desbloqueé su número. Nada más. Cerré el teléfono, fui a descansar. Al rato, sonó un mensaje: "Saúl, te extraño y te amo. Siempre oro por ti". Era Rolando.

Casi se me cae el móvil. Respondí, lloré, llamé. Hablamos horas. Nos pedimos perdón. Descubrí que él llevaba años orando por reconciliación, sin saber dónde yo vivía. Nuestro perdón se convirtió en un testimonio que sanó a otros amigos que se habían separado se acercaron, familias que se habían distanciado se abrazaron. Todo porque el Espíritu Santo me dijo "desbloquea" y yo obedecí.

Aprendí que el perdón a veces empieza con un gesto pequeño que parece ridículo. Desbloquear un contacto es tan insignificante como sacar un tapón; pero cuando lo haces, el río puede fluir. Aprendí que el orgullo alimenta el rencor, pero la obediencia rompe cadenas. Aprendí que dentro de esa herida había una decisión que no solo cambió mi vida, sino la de muchos.

MITOS, CLAVES Y SEÑALES INTEGRADAS

Hay ideas erróneas que nos impiden perdonar. Creemos que perdonar es olvidar, cuando en realidad es recordar con propósito. Creemos que perdonar es decir que estuvo bien, cuando en realidad es llamar al mal por su nombre y entregarlo a Dios. Creemos que perdonar obliga a confiar de nuevo, cuando en realidad podemos establecer límites hasta ver fruto.

Pensamos que si sentimos dolor es porque no hemos perdonado, pero la herida puede tardar en cicatrizar aun cuando la decisión está tomada. Creemos que perdonar es injusto, pero olvidamos que la justicia divina actúa mejor que nuestro resentimiento. Estas mentiras nos encadenan; la verdad nos libera.

- **¿Cómo perdonar?** Empieza por nombrar la herida. No puedes sanar lo que no reconoces. Dile a Dios: "Esto me dolió". Asume tu responsabilidad: no elegiste lo que te hicieron, pero eliges cómo respondes. Separa perdón de restauración: puedes perdonar a alguien y no volver a esa relación si no hay seguridad. Haz del perdón un proceso: decide hoy, reafirma mañana, bendice con tus palabras, y busca reconciliación cuando sea sabio. No dejes que tus emociones dirijan tus acciones; usa el dolor como señal, no como jefe. Pide ayuda: ora, busca un mentor, confía en el Espíritu Santo que habla. Agradece lo que ya ha sido redimido; escribe las cicatrices que se han vuelto testimonios. Y bendice con tus palabras; habla vida en lugar de maldición.

- **¿Necesitas saber si sigues en el pozo?** Si repites la herida una y otra vez sin mencionar la redención; si fantaseas con venganza; si te molesta que al otro le vaya bien; si desconfías de todos por lo que uno te hizo; si buscas aliados para criticar; si todo sermón te parece para otros; si la idea de perdonar te repugna… entonces reconoce tu pozo. Levanta la mano. Pide ayuda. No mueras ahí. La herida es real, pero el rencor es opcional.

Y cuando llegue la oportunidad de restablecer la relación, usa discernimiento. ¿Hay arrepentimiento genuino? ¿Se ven cambios visibles? ¿Hay un intento de restitución? ¿Es un entorno seguro? ¿Tienes paz al orar? El perdón es siempre, la restauración es prudencial. No confundas gracia con imprudencia. Perdonar no te obliga a volver a vivir en Egipto si no hay Gosén para ti.

LA MESA EN MEDIO DEL VALLE

El salmista dijo: *"Aderezas mesa delante de mí en presencia de mis enemigos..." (Salmo 23:5).* Dios preparó una mesa para José en Egipto con sus hermanos sentados. No esperó a que pidieran perdón para servirles; los sentó, los alimentó y lloró con ellos. A veces Dios te llama a extender la mesa mientras el conflicto sigue existiendo.

La generosidad es un arma espiritual. El banquete de gracia puede ser la señal que despierte el arrepentimiento. La mesa no borra el dolor, pero lo redime. No esperes a que todo esté resuelto para celebrar la fidelidad de Dios. Sirve pan ahora; a veces ese pan es la llave del milagro.

No llamar bueno a lo malo

Isaías advierte: *"¡Ay de los que llaman a lo malo, bueno y a lo bueno, malo!" (Isaías 5:20).* Perdonar no significa justificar el abuso, la mentira, la traición. Los hermanos pecaron al vender a José. La esposa de Potifar pecó al acusarlo. El copero falló al olvidarlo. José no dijo que estuvo bien; dijo que Dios lo usó para bien. No confundas redención con complicidad. No presiones a una persona a volver al círculo de violencia en nombre de la fe. El perdón no excusa lo que ofende a Dios. La restauración requiere arrepentimiento y seguridad. La gracia no tuerce la verdad; la verdad potencia la gracia.

Abrazar tu proceso

Pablo escribió que la tribulación produce paciencia; la paciencia, carácter; y el carácter, esperanza. Queremos adelantar la serie de la vida, saltar los episodios incómodos, pasar rápido por las escenas dolorosas. Pero cada capítulo tiene un propósito. Cuando perdoné a Rolando, quise que todo se arreglara de inmediato. Y aunque el mensaje fue un milagro, el proceso de sanar la relación tomó tiempo. José tuvo que esperar años para ver a sus hermanos. El perdón es una semilla que se planta hoy y florece con paciencia. Confía en el artesano divino. Su obra puede ser lenta o inmediata, pero siempre es segura.

El Dios de los giros inesperados

Dios se presenta como "el que anuncia lo por venir desde el principio". Disfruta sorprender. Toma lo improbable y lo vuelve testimonio. José es solo un ejemplo. Tu vida también contiene giros inesperados esperando nacer. ¿Qué parece perdido en tu historia? ¿Una relación, un sueño, tu autoestima? Dios sabe escribir capítulos donde no hay tinta. Pero para disfrutar de esos giros, necesitas un corazón libre de rencor. La amargura cierra los ojos al milagro. El perdón los abre.

¿PERDONARÁS?

Hemos cruzado pozos, cárceles, palacios y mesas. Hemos visto a un joven de túnica de colores convertirse en gobernador. Hemos visto cómo cada herida contenía una decisión que podía cambiar destinos. El perdón no borra el pasado; lo redime. El perdón es gobierno interior, no debilidad. El pozo no es tu destino; es un puente. La mesa no se sirve cuando todo se resuelve; se sirve en medio del valle.

Hoy la pregunta no es teórica; es personal. ¿Perdonarás?

Tal vez ese perdón tenga nombre y apellido: tu padre ausente, tu madre hiriente, tu expareja, tu pastor, tu jefe, tu amigo, tú mismo. Tal vez sea Dios, porque no entendiste su proceso. La voz de Dios te susurra: "¿Perdonarás?". No respondas con indiferencia. No postergues con excusas. La emoción quizá no esté, pero la decisión puede estar. El perdón es una llave que solo tú puedes girar. Nadie más lo hará por ti.

Hoy te invito a decir sí. Sí a la gracia. Sí a la libertad. Sí al Dios de los giros inesperados. Dale permiso a Dios para tomar tu pozo y convertirlo en mesa. Dale permiso para usar tu herida como puente. Dale permiso para redimir tu historia. Y cuando respondas, recuerda que dentro de cada herida hay una decisión que cambia destinos. Tu decisión hoy puede cambiar tu futuro y el de muchos. ¿Te atreves?

ORACIÓN

Señor, tú conoces mi herida. Hoy decido perdonar a [nombre] por [ofensa]. Renuncio al rencor y entrego la deuda a tus manos.

Sana mi corazón y dame sabiduría para poner límites o para restaurar cuando sea tu voluntad. Gracias por perdonarme primero y por enseñarme a perdonar. En el nombre de Jesús. Amén.

CAPÍTULO 3

¿QUÉ ES ESO QUE TIENES EN TU MANO?

DEL "¿QUÉ PASARÍA SI...?" AL "ESTO ES"

MOISÉS

EL PESO DE UN LLAMADO IMPOSIBLE

Para muchos, Moisés es un nombre conocido; pero para otros quizá sea apenas una figura lejana de la Biblia. ¿Quién fue este hombre que más adelante se convertiría en el gran libertador de Israel?

Moisés nació en un tiempo oscuro. El pueblo de Israel era esclavo en Egipto, y Faraón había decretado la muerte de todos los niños varones hebreos. En medio de esa amenaza, sus padres lo escondieron durante tres meses, hasta que ya no pudieron más. Entonces su madre preparó una canasta, la cubrió con brea, y lo colocó en el río Nilo *(Éxodo 2:1–3)*. A primera vista parecía una despedida desesperada, pero en realidad era el inicio de un plan divino.

La providencia de Dios movió a la hija del Faraón a encontrar al bebé y adoptarlo como suyo *(Éxodo 2:5–10)*. Así, Moisés creció en los pasillos del poder, educado con toda la sabiduría de Egipto, instruido en ciencia, política y estrategia militar *(Hechos 7:22)*. Tenía los recursos, la posición y la preparación que cualquier líder soñaría. Conocía de cerca el sufrimiento de su pueblo, pero también dominaba el lenguaje y la cultura del imperio más poderoso de su tiempo.

Y, sin embargo, la historia dio un giro inesperado. Un día, al ver a un egipcio golpeando a un hebreo, Moisés intervino y lo mató. Pensó que nadie lo había visto, pero la noticia corrió rápidamente. Al darse cuenta de que incluso sus propios hermanos hebreos no lo reconocían como líder, huyó al desierto de Madián *(Éxodo 2:11–15)*.

Allí pasó cuarenta años en el anonimato, no como príncipe, sino como pastor de ovejas. Su cetro de autoridad se convirtió en cayado de pastor. Sus palabras de influencia en la corte se transformaron en silencios en el desierto. Sus sueños de grandeza parecían haber muerto.

Humanamente, Moisés había quedado descalificado: era un asesino fugitivo, un anciano sin poder ni ejército, alguien enterrado en la rutina. Pero a los ojos de Dios, ese tiempo no era un descarte, sino un entrenamiento silencioso. Dios no estaba acabando con Moisés; estaba formándolo.

Y fue precisamente allí, en medio de lo ordinario, donde lo extraordinario se encendió:...

EL LLAMADO Y LA PREGUNTA QUE LO CAMBIÓ TODO

Allí estaba Moisés, frente a un espectáculo que desafiaba toda lógica: una zarza en llamas que no se consumía. Si hubiera tenido un celular, seguramente habría grabado un video viral para *EgiptoTube* con el título: "¡Arbusto indestructible arde 40 minutos y sigue intacto!". Pero no, no había cámaras ni filtros; solo un hombre común, un desierto silencioso y una voz que estremecía la eternidad.

Desde esa zarza, Dios no solo lo llamó, también le dio una misión que parecía sacada de una pesadilla:

"Vas a regresar a Egipto y vas a sacar a mi pueblo de la esclavitud".

(Éxodo 3:10)

El problema es que Moisés no saltó de alegría ni gritó

"¡Amén, aquí estoy!". Más bien, comenzó la típica maratón de excusas que muchos conocemos demasiado bien:

- "¿Quién soy yo?" (traducción libre: "Yo no califico") Éxodo 3:11.

- "¿Qué les digo si me preguntan?" ("No tengo respuestas suficientes") Éxodo 3:13.

- "No me van a creer" ("Mi reputación está por el suelo") Éxodo 4:1.

- "No sé hablar bien" ("No tengo las habilidades que hacen falta") Éxodo 4:10.

- Y la joya final: "Señor, manda a otro" ("Yo paso, gracias") Éxodo 4:13.

Es irónico: Moisés estaba parado frente a una zarza que no se apagaba y hablando con el mismísimo Dios, pero su mente seguía enredada en la inseguridad. Eso nos recuerda que la duda no desaparece con los milagros; se vence con fe y obediencia.

Y justo ahí, cuando las excusas de Moisés parecían más sólidas que el propio llamado, Dios no le dio un sermón ni un plan estratégico. Solo lanzó una pregunta simple, desarmante y definitiva:

"¿Qué es eso que tienes en tu mano?"

(Éxodo 4:2)

La escena queda suspendida. La pregunta resuena: "¿Qué es eso que tienes en tu mano?". Moisés baja la mirada, y lo que ve es solo un cayado. Ese momento fue más que una conversación; fue el quiebre de una historia. Porque la pregunta no buscaba información —Dios ya sabía qué tenía Moisés—, buscaba revelación. El Señor estaba diciendo: "Lo que ya cargas, lo usaré. Lo que consideras insignificante, lo transformaré. No necesitas más; solo necesito que lo entregues".

Y así, un pedazo de madera común se convirtió en el símbolo de lo extraordinario.

Allí, en medio del silencio del desierto, el Señor le mostró señales para fortalecer su fe: el cayado que se convirtió en serpiente, la mano que se llenó de lepra y fue sanada (Éxodo 4:6–7), y el agua del río que podía transformarse en sangre (Éxodo 4:9).

No era un espectáculo público ni una demostración de poder frente al faraón. Era un trato íntimo entre Dios y su siervo, un entrenamiento a puertas cerradas. Antes de usar sus manos para abrir mares, Dios tenía que tratar con los temores que había en su corazón.

Y lo mismo hace con nosotros. Cuando decides obedecer, Dios no te suelta al vacío. Él mismo se encarga de respaldar tu fe con señales que confirman que no caminas solo. A veces esas señales son milagros que desafían la lógica; otras, puertas que se abren en el momento exacto, personas que confirman lo que llevas en tu corazón, o una paz tan real que desarma la ansiedad.

Pero aquí está la clave: las señales no sustituyen la fe. Son un empuje, un recordatorio, una chispa. Moisés vio el palo convertirse en serpiente, su propia mano enfermar y sanar en segundos, y el agua transformarse en sangre, y aun así dudaba. Y eso nos revela algo profundo: los milagros impresionan, pero no necesariamente convencen. La fe no nace de los fuegos artificiales del poder, sino de confiar en la voz de Dios que habla detrás de ellos.

En otras palabras: **la zarza ardiente fue el laboratorio; Egipto sería el escenario.**

EL CAYADO EN LAS MANOS DE DIOS

Moisés baja la mirada y descubre que lo que sostiene es... un palo. Sí, un simple cayado. Nada digno de un museo, nada que impresione en una subasta de reliquias. Solo un palo de pastor, gastado por el sol y la arena del desierto. Seguramente hasta tenía marcas de haber espantado alguna oveja testaruda.

Pero Dios lo mira como si fuera el objeto más valioso del planeta. Y entonces le dice:

"Échalo en tierra". (Éxodo 4:3)

Moisés obedece y lo que parecía un pedazo de madera inofensivo se convierte en serpiente. Imagínate la escena: Moisés, el gran libertador en potencia, ¡salió corriendo! Porque una cosa es tener fe y otra muy distinta es agarrar una culebra que se mueve frente a ti.

"Extiende tu mano, y tómala por la cola".

(Éxodo 4:4)

Eso ya es demasiado. Si alguna vez has visto una serpiente, sabes que agarrarla por la cola es la peor idea del mundo. Es como decirle: "Muerde tranquilo, tienes la cabeza libre". Pero aquí está la clave: lo lógico para el hombre no siempre es lo que abre la puerta a lo sobrenatural.

Moisés obedece y, de nuevo, lo que era serpiente vuelve a ser vara. Ese momento no era un show de magia. Era Dios enseñándole: "Moisés, en mis manos, lo común se vuelve extraordinario. No necesito más de ti que tu obediencia".

Del patio privado al escenario público

Lo que comenzó como una lección en el desierto pronto se convirtió en espectáculo público frente a Faraón. Ese mismo cayado fue levantado una y otra vez:

- Tocó las aguas del Nilo y se volvieron sangre (*Éxodo 7:20*).

- Señaló la tierra y desató plagas (*Éxodo 8–10*).

- Finalmente, fue levantado sobre el Mar Rojo, y las aguas se abrieron en dos (*Éxodo 14:16*).

El mismo palo que Moisés usaba para guiar ovejas ahora guiaba a toda una nación hacia la libertad.

La segunda vez: frente al Mar Rojo

Y aquí aparece de nuevo, aunque implícita, la misma pregunta. Israel está atrapado: mar al frente, ejército detrás, desierto a los lados. El pueblo grita, Moisés ora, y Dios lo interrumpe:

"¿Por qué clamas a mí? Di a los hijos de Israel que marchen. Y tú, alza tu vara, y extiende tu mano sobre el mar, y divídelo..."

(Éxodo 14:15–16).

Era como si Dios dijera: "Moisés, no he cambiado de estrategia. Lo que puse en tu mano sigue siendo suficiente. No necesitas otra herramienta, no necesitas una espada, no necesitas un ejército. Solo levanta lo que ya te di".

El eco de aquella primera pregunta resonaba otra vez. Solo que ahora no era un examen privado en el desierto, sino un acto público frente a millones de ojos y un mar imposible.

No era otro método; era la misma fidelidad: Dios usaría, de nuevo, lo que ya estaba en su mano.

El puente hacia ti

Y ahora la historia te apunta directo a ti: ¿sigues viviendo en el terreno del ¿qué pasaría si...? O ¿vas a dar el paso al esto es?

- Esto es lo que Dios te dio.

- Esto es suficiente en sus manos.

- Esto es lo que Él usará para abrir tu mar.

La fe no se alimenta de hipótesis; se sostiene en certezas. Y la mayor certeza que puedes tener es esta: Dios está contigo, y lo que tienes en tu mano basta para comenzar.

Y mientras esta pregunta retumba en la historia, también me alcanzó a mí.

UN ESPEJO EN MI PROPIA VIDA

Y aquí me detengo. Porque hablar de Moisés no es solo hablar de un personaje de hace miles de años. Es como mirarme en un espejo. No puedo leer sus dudas sin recordar las mías. No puedo escuchar su "¿qué pasaría si...?", sin escuchar también los míos, repetidos en mi mente durante años.

He aprendido que yo también soy un "Moisés" moderno, cargado de preguntas, excusas y temores. Yo tengo 52 años y, aunque crecí en la fe, todavía me he encontrado con esa voz que susurra:

- "¿Qué pasaría si ya es tarde para ti?".

- "¿Qué pasaría si no tienes un ministerio formal?".

- ¿Qué pasaría si los que saben tu pasado dicen: '¿Este quién se cree?'".

- "¿Qué pasaría si no logras lo que soñaste?".

Esa pregunta —¿qué pasaría si…?— ha sido mi compañía por años. Pero en medio de ese ruido, Dios me recordó lo mismo que a Moisés: "¿Qué es eso que tienes en tu mano?".

En mi caso, lo que tengo en mis manos no es un cayado, sino un don para escribir, para crear imágenes, para comunicar lo que Dios pone en mi corazón. Hace más de un año el Señor me movió a escribir mi primer libro, y lo terminé. En ese proceso, aunque no entendía todo, nació en mí el deseo y la claridad de seguir escribiendo. Hoy ya tengo en orden los títulos y bosquejos de ocho libros. No porque yo sea alguien grande, sino porque Dios ha sido claro en que este es el camino que debo recorrer.

Sí, tengo estudios de teología y comunicaciones. Sí, tengo una trayectoria como artista gráfico y pastelero. Pero también tengo errores grandes, fracasos que pudieron haberme costado mi matrimonio, decisiones de las que me arrepiento. Sin embargo, aquí estoy. Y lo único que puedo decir es que la gracia y la misericordia de Dios me sostienen hasta hoy.

Hace poco, en medio de la adoración en un culto, Dios me confirmó algo que todavía me sacude: este llamado de escribir, de sembrar su Palabra en corazones, es su plan para mí. No sé los detalles de cómo se distribuirán mis libros, quiénes los leerán más allá de mi círculo, o si algún día tendré alcance como otros autores que admiro. Pero lo que sé es: Dios me ha hablado, y esto es lo que tengo en mis manos. Y lo haré.

Puede que yo no sea el próximo Max Lucado, ni José Luis Navajo, ni tan elocuente como Steven Furtick. Pero tampoco se trata de eso. Yo soy Saúl Miranda: visual, gráfico, pastelero, escritor, esposo y padre que vive bajo la gracia de Dios. Lo que tengo en mis manos —palabras, páginas, historias— lo entrego al Gran Yo Soy. Esa certeza redefinió mi mirada: ya no camino pensando "¿qué pasaría si fracaso?", sino afirmando "esto es lo que Dios me confió, y esto entregaré".

Y, sin embargo, antes de llegar ahí, hubo una temporada en mi vida en la que me sentía estancado. Sí, oraba, asistía a los cultos cuando el horario me lo permitía, disfrutaba la presencia de Dios y la paz de la salvación. Pero en mi interior había un vacío que no lograba llenar. Recordaba promesas y sueños de juventud que no se cumplieron como imaginaba, en gran parte por mi propia terquedad. Y con los años, esa sensación se convirtió en resignación: "Quizá ya pasó mi tiempo. Lo que me queda es orar por mi familia y aprovechar los encuentros que Dios ponga en el camino para animar a alguien". Eso no era poca cosa —lo valoraba de verdad—, pero no era el eco del llamado que ardía en mi alma; dejar huella, ser útil en sus manos.

Esa pausa me pesaba. Temía morir sin haber marcado a nadie

de manera profunda, pasar por la vida sin haber hecho diferencia. Tenía la sensación de que mis mejores años y mis errores habían cerrado la puerta a un propósito mayor. Y en ese silencio, lo que antes fue un sueño comenzó a parecerme un recuerdo imposible.

Hasta que llegó el libro. Lo que para mí era apenas un intento de obediencia, Dios lo usó como una llave para abrir algo que yo creía clausurado. No fue solo creatividad; fue vida entrando otra vez. Comenzaron a surgir ideas, bosquejos, títulos, una urgencia por escribir y compartir lo que Dios había depositado en mi corazón. En medio de la duda, sentí la confirmación clara; aún puedo ser útil. No por mis méritos, sino porque Él no desecha lo que toca. Ese momento fue un renacer, una prueba de que Dios no desperdicia nuestras manos ni nuestros años.

Hoy sigo orando con la misma convicción; no quiero pasar desapercibido. Mi anhelo es que mi vida sirva, que lo que escriba y comparta tenga efecto. No aspiro a reconocimiento humano; quiero ser instrumento en las manos del Gran Yo Soy, aunque sea para cambiar una sola vida al año. Y si Él decide multiplicarlo a multitudes, también estoy listo. Lo importante es que ahora ya no vivo paralizado por el "¿y si...?", sino impulsado por un "esto es" que me lleva a obedecer.

Pero, aunque la vara ya había probado su poder, el verdadero obstáculo no estaba en el mar, sino en la mente de Moisés. Sus manos sostenían un cayado; su corazón todavía cargaba preguntas. Y allí entramos en el terreno del "¿qué pasaría si...?"

DEL ¿QUÉ PASARÍA SI...? AL ESTO ES

Donde tú ves una probabilidad, Él ve un hecho. Donde tú ves limitación, Él ve propósito. Donde tú ves fracaso, Él ve oportunidad de mostrar su gloria.

El "esto es" de Dios corta de raíz el "¿qué pasaría si...?" del hombre.

Ese "esto es" no era un regaño; era dirección.

Moisés había agotado todos sus argumentos. Ya había sacado a relucir sus temores, su pasado, sus limitaciones y hasta su torpeza al hablar. Cada excusa parecía razonable, cada duda parecía lógica. Sin embargo, Dios no negoció con ninguna de ellas. No le presentó un nuevo plan, no le dio un discurso motivacional ni le permitió quedarse paralizado en su inseguridad. En lugar de eso, lo confrontó con una verdad sencilla: "Esto es lo que tienes y eso es lo que yo voy a usar".

Ese fue el giro. Moisés hablaba en condicional: "¿Qué pasaría si no me creen? ¿Qué pasaría si fracaso?". Pero Dios respondía en tiempo presente, con la seguridad del que tiene todo bajo control: "Esto es lo que haré. Esto es lo que Yo Soy. Esto es lo suficiente, porque yo estaré contigo".

Ese contraste sigue vivo hoy. Nosotros llenamos el corazón de escenarios hipotéticos: ¿qué pasaría si no logro sostener a mi familia?, ¿qué pasaría si nunca cumplo mi propósito?, ¿qué pasaría si los demás me rechazan?, ¿qué pasaría si ya es muy tarde para mí? Pero mientras nuestra mente fabrica dudas, la voz de Dios sigue afirmando certezas: Esto es mi gracia que te sostiene. Esto es mi plan que no depende de tus credenciales. Esto es mi poder que se perfecciona en tu debilidad.

El "qué pasaría si" siempre nos deja atrapados en el futuro imaginario del miedo. El "esto es" nos planta en el presente de la fe. Uno nos roba energía antes de actuar; el otro nos impulsa a dar pasos que jamás hubiéramos dado por cuenta propia.

Moisés descubrió que no se trataba de él, sino del Dios que lo enviaba. El cayado en su mano, por sí solo, no tenía nada especial; pero cuando obedeció y lo entregó, se convirtió en instrumento de milagros. Esa es la misma invitación para ti. No necesitas resolver todas las variables de la vida antes de moverte. No tienes que esperar a que todo sea perfecto para comenzar. Solo necesitas poner en manos de Dios lo que ya tienes y creerle cuando Él dice: "Esto es suficiente".

Por eso este capítulo no termina en las excusas de Moisés ni en sus temores, sino en la voz firme de Dios que corta la duda de raíz. Es como si el cielo te estuviera hablando hoy, repitiendo las mismas palabras con las que desarmó al libertador de Israel: "Esto es lo que tienes. Esto es lo que usaré. Esto es lo que basta, porque Yo estoy contigo".

Y ahí, entre la inseguridad humana y la certeza divina, el futuro se define. Porque cuando decides soltar el "¿qué pasaría si...?" y abrazar el "esto es", el mar que parecía inamovible comienza a abrirse delante de ti.

Lo que pasó con Moisés no es solo historia antigua; es un espejo que nos recuerda que Dios sigue preguntando: "¿Qué es eso que tienes en tu mano?". Quizás lo tuyo no sea un cayado, pero sí hay algo que Dios quiere usar hoy. Y si decides creerle, ese "esto es" será suficiente para abrir tu propio mar.

En el próximo capítulo veremos cómo otro siervo de Dios fue confrontado con una pregunta distinta, pero igual de desafiante. Porque cada llamado comienza con una voz, pero también con una pregunta que cambia todo.

ORACIÓN

Señor, aquí está lo que tengo en mi mano.
Puede parecer pequeño, pero te lo entrego.

Rompe en mí el "¿y si...?" y afirma tu "esto es".
Dame valentía para obedecer, aunque mis emociones tiemblen.

Enséñame a confiar en tu presencia más que en mis garantías.

Usa lo que soy y lo que tengo para tu gloria.
En el nombre de Jesús. Amén.

SECCIÓN II

HOMBRES LEVANTADOS EN TIEMPOS DIFÍCILES

CUANDO DIOS LLAMA EN MEDIO DEL MIEDO, LA BATALLA Y LA INCERTIDUMBRE.

CAPÍTULO 4

¿POR QUÉ ESTÁS POSTRADO ASÍ SOBRE TU ROSTRO?

NO PUEDES CONQUISTAR LO QUE DIOS PROMETIÓ, SI GUARDAS LO QUE ÉL PROHIBIÓ

JOSUÉ

CUANDO LA DERROTA REVELA
LO QUE LA VICTORIA NO MOSTRÓ

Dicen que hay victorias que te levantan y derrotas que te revelan. Hay momentos en los que Dios abre mares y derriba murallas, y otros en los que permite que algo se caiga para que veas lo que preferías no ver. Este capítulo pertenece a la segunda categoría. No es una sección que celebra un triunfo heroico ni un milagro espectacular; es una historia que desnuda el corazón. Nos enseña que no hay enemigo más peligroso para el llamado que Dios pone en una persona que aquello que se elige esconder.

LA OBEDIENCIA QUE DERRIBA MUROS...
Y LA ORDEN QUE NO SE PODÍA IGNORAR

Antes de que Israel sufriera la derrota en Hai, antes del llanto desconsolado de Josué, hubo una orden clara. La batalla de Jericó no se ganó con estrategia militar ni con armas humanas, sino con obediencia. Dios dio instrucciones insólitas: marchar alrededor de los muros una vez al día durante seis días y, el séptimo día, marchar siete veces y gritar. El pueblo obedeció.

No hubo fuerza en los brazos de los israelitas, sino poder en la palabra de Dios. Y los muros de Jericó se derrumbaron.

La Escritura lo declara con claridad:

> *"Entonces el pueblo gritó, y los sacerdotes tocaron las bocinas; y aconteció que cuando el pueblo hubo oído el sonido de la bocina, gritó con gran vocerío, y el muro se derrumbó".*
>
> *(Josué 6:20)*

Ni los golpes ni los arietes lo derribaron; fue la obediencia la que lo hizo.

Sin embargo, junto con las instrucciones para la marcha hubo un mandato que muchos pasan por alto. Dios advirtió: *"Pero vosotros guardaos del anatema… no toquéis ni toméis cosa alguna del anatema, no sea que hagáis anatema el campamento de Israel y lo turbéis" (Josué 6:18)*. El término anatema se refiere a lo que está dedicado a Dios: objetos destinados a ser destruidos o consagrados exclusivamente para Él. En Jericó, Dios ordenó que todo —plata, oro, utensilios de bronce y hierro— fuese consagrado al tesoro del Señor: *"Mas toda la plata y el oro, y los utensilios de bronce y de hierro, sean consagrados a Jehová, y entren en el tesoro de Jehová" (Josué 6:19)*. Nada debía ser apropiado por el pueblo. Al obedecer, Israel no solo obtendría la victoria; también mantendría la pureza de su relación con Dios.

Jericó cayó. La nación experimentó un triunfo sobrenatural. El nombre de Josué se hizo famoso en todo el territorio. La gente vio una manifestación del Dios poderoso que abre el Jordán, que derriba muros inamovibles y que honra la fe. Era un momento de euforia y de expectativa. Pero la obediencia que derriba murallas debe continuar después de la victoria. Y ahí es donde muchos fracasan. El éxito saca a la luz no solo la gloria de Dios, sino también la inclinación del corazón humano a apropiarse de lo que no le pertenece.

DE JERICÓ A HAI: CUANDO EL ÉXITO ESCONDE UNA GRIETA

La siguiente misión era Hai. A simple vista, una aldea sin fortificación extraordinaria, un enemigo pequeño en comparación con Jericó. Los espías regresaron con confianza y dijeron: *"No suba todo el pueblo, sino suban como dos mil o tres mil hombres, y tomarán a Hai; no fatigues a todo el pueblo yendo allí, porque son pocos"* (Josué 7:3).

Y, sin embargo, los hombres de Hai hirieron a treinta y seis israelitas y persiguieron al resto. Fue el pueblo de Israel el que huyó, no el enemigo. La Escritura lo describe así: *"Y los de Hai hirieron de ellos a treinta y seis hombres, y los siguieron desde la puerta hasta Sebarim, y los derrotaron en la bajada; por lo cual el corazón del pueblo desfalleció y vino a ser como agua"* (Josué 7:5).

¿Cómo se pasa de una victoria gloriosa a una derrota vergonzosa? ¿Cómo se puede experimentar el poder de Dios en un día y sentir su ausencia al siguiente? La respuesta no está en la fuerza del enemigo, sino en la desobediencia del corazón.

Josué no entendía lo que había ocurrido. Cayó rostro en tierra, rasgó sus vestidos y se cubrió de polvo. Su clamor se parece al nuestro cuando algo no sale como esperábamos: "¿Por qué, Señor? ¿Qué está pasando? ¿No estabas con nosotros?". En su desesperación, Josué preguntó si acaso el Dios que abrió el Jordán y derribó Jericó los había abandonado. Pero Dios no se había ido; el pueblo se había alejado.

Cuando Josué esperaba palabras de consuelo, Dios respondió con una frase que cortó como espada: *"¡Levántate! ¿Por qué estás postrado así sobre tu rostro?"*(Josué 7:10). No era indiferencia divina; era confrontación. Dios no estaba despreciando el dolor de Josué, sino señalando una raíz oculta. La derrota no se debía a una fuerza superior del enemigo; se debía a un pecado escondido.

ACÁN: LO QUE SE VIO, SE CODICIÓ Y SE ENTERRÓ

Acán fue el hombre que violó la orden divina. Vio un manto babilónico, plata y oro. Los codició. Los tomó. Los escondió. Lo que muchos consideran un acto "pequeño" alteró el destino de toda una nación. La Escritura detalla la escena: lo que Acán vio, lo codició y lo tomó. Ese proceso refleja el camino de muchas tentaciones: primero se mira, luego se desea, y finalmente se actúa.

El pecado no empezó cuando sus manos tocaron el oro, sino cuando sus ojos se permitieron contemplarlo sin freno. La advertencia en Deuteronomio 7:26 era clara: *"No traerás cosa abominable a tu casa... la aborrecerás y la abominarás, pues es anatema"*. Acán despreció la advertencia. Tomó lo que estaba maldito y lo enterró debajo de su tienda. Quizá pensó que el botín sería una provisión para su familia; quizá creyó que lo merecía por la guerra que estaban peleando. Pero su recompensa solo trajo muerte y desgracia.

Es aquí donde lo privado se vuelve público y lo personal se vuelve colectivo. La Biblia dice que *"los hijos de Israel cometieron una prevaricación porque Acán tomó de las cosas dedicadas al anatema, y la ira del Señor se encendió contra los hijos de Israel"* (Josué 7:1).

Nota el lenguaje: Israel pecó, no Acán. Una acción individual provocó una consecuencia comunitaria. El pecado oculto siempre repercute más allá del pecador. Lo que se oculta en secreto se convierte en semilla de destrucción para la familia, la congregación y la misión. La desobediencia de Acán no solo apagó el respaldo de Dios; también costó la vida de treinta y seis hombres inocentes. Su familia, que conocía el secreto, participó en su castigo. El pecado escondido nunca se queda en casa; lleva el caos fuera de ella.

Hoy nos cuesta entender la severidad con la que Dios trató a Acán. Algunos leen la historia y piensan que es desproporcionada. Sin embargo, el juicio de Dios no fue arbitrario. El Señor había advertido que tomar lo consagrado a otros dioses traería maldición sobre el campamento. Acán ignoró la palabra divina. Su acción fue un acto de rebeldía premeditada. Además, en las primeras conquistas de Israel, Dios estaba estableciendo principios para todo el pueblo. La comunidad aprendería que el pecado individual compromete el bienestar colectivo y que la santidad no es opcional en la misión de Dios.

NUESTROS "ANATEMA" HOY: LO QUE GUARDAMOS EN NUESTRA TIENDA

En el contexto de nuestra vida hoy, pocos enfrentan campamentos y guerras físicas, pero todos luchamos contra tentaciones que nos susurran: "Solo míralo. Solo tócalo. Solo tómalo". Las "cosas consagradas a otros dioses" hoy son aquellas áreas que Dios nos ha pedido que entreguemos por completo: pureza sexual, integridad financiera, honestidad en el trabajo, fidelidad matrimonial, santidad en el consumo de medios, cuidado de las palabras que hablamos, manejo de la ira, hábitos de pensamiento. Y los "anatema" son aquellas prácticas y hábitos que Dios llama impíos, destructivos o nocivos.

El manto de Acán adopta hoy formas distintas: pornografía que se consume en la clandestinidad; mensajes impropios en redes sociales; adulterios emocionales disfrazados de amistades inocentes; corrupción financiera aceptada como "inteligencia"; mentiras blancas repetidas hasta creerlas; pensamientos de odio o racismo ocultos tras un lenguaje religioso. Cada uno, por diferente que sea, funciona igual: albergas algo que Dios dijo que debía destruirse, piensas que puedes controlarlo, lo entierras en tu tienda y crees que no afectará tu llamado. Pero afecta. Y mucho. Cuando Dios le dijo a Josué: "No estaré más con ustedes mientras esto siga ahí", estaba revelando una realidad espiritual profunda. El Señor no retiró su amor ni revocó su promesa, pero se apartó de respaldar las empresas del pueblo mientras el anatema permaneciera. No es que Dios dejara de ser Dios con ellos; es que el pecado interrumpió el respaldo del pacto en ese momento. Dios puede tolerar tu fragilidad, pero no respaldará tu desobediencia. Puede cubrir tus errores, pero no bendecirá tus secretos. Puede caminar contigo en el proceso, pero no marchará sobre un suelo que tú mismo has contaminado.

En otras palabras: no puedes pretender avanzar con Dios mientras abrazas aquello que Él ya condenó. El pecado oculto no solo daña tu comunión con Dios; frena tu asignación, enfría tu pasión, distorsiona tus prioridades y contamina tu influencia.

Este capítulo es directo porque la gracia es profunda. Nadie expone lo oculto para humillar; Dios lo expone para sanar. Muchos cristianos viven años frustrados, confusos sobre su llamado, preguntándose por qué no se abren puertas, por qué no experimentan el poder que otros parecen tener. Hacen retiros, ayunan, sirven, oran; y, sin embargo, sienten estancamiento. A veces el enemigo no tiene que derribar tu fe ni matar tu oración; solo tiene que convencerte de enterrar algo que Dios dijo que debía morir.

Es posible cantar en el coro, predicar sermones, dirigir una célula o liderar un ministerio mientras escondes cosas impropias en tu teléfono. Es posible ministrar a otros mientras mantienes una amante secreta. Es posible dar grandes ofrendas mientras fraudas en tus impuestos. Es posible ayudar a los pobres mientras odias en secreto a un hermano. Y es posible que todo siga "funcionando" porque los dones y los llamados son irrevocables. Pero, como ocurrió en Hai, llega el momento en que la falta de integridad produce quiebre. Dios, en su gracia, permite que esa pérdida nos confronte, no para destruirnos, sino para evitar que sigamos avanzando lejos de Él.

Hay algo más profundo aquí: el pecado oculto distorsiona nuestra percepción de Dios. Después de la derrota en Hai, Josué acusó, implícitamente, a Dios de infidelidad: "¿Por qué... nos has entregado?". ¡Qué declaración para un líder que vio el mar abrirse! El pecado no confesado en la comunidad hizo que Josué cuestionara el carácter de Dios.

Así pasa con nosotros. Cuando escondemos, empezamos a percibir a Dios a través de la lente de nuestra propia culpa. Podemos pensar que Dios nos está castigando injustamente, cuando en realidad nos está invitando a confesar. Podemos sentir que Dios nos abandonó, cuando en verdad nos está llamando a regresar. Podemos creer que Dios no habla, cuando lo que ocurre es que nuestro oído se tapó con tierra que nosotros mismos acumulamos.

Cuando Dios dice "Levántate": PASOS PARA DESENTERRAR LO OCULTO

¿Qué hacer entonces? **Primero,** necesitamos valor para

detenernos y examinar nuestras tiendas. Jesús lo dijo de otra manera: *"Por tanto, si tu mano o tu pie te es ocasión de caer, córtalo y échalo de ti...Y si tu ojo te es ocasión de caer, sácalo y échalo de ti..."* *(Mateo 18:8-9).* No literal, sino espiritual: elimina la causa.

¿Qué hay en tu vida que Dios ya declaró anatema? ¿Qué práctica, hábito o relación has justificado diciendo: "Esto no es tan grave"? La primera puerta de salida es la honestidad brutal con uno mismo y con Dios. No se trata de confesión genérica ("Perdóname por todo lo que hice mal"), sino específica:

"Señor, he estado viendo cosas impropias, mintiendo en mis cuentas, criticando a mis hermanos, fantaseando sexualmente con alguien que no es mi cónyuge, manipulando personas, guardando resentimiento, robando horas en el trabajo. Esto está en mi tienda. Lo he enterrado. Te lo entrego".

Dios conoce los detalles, pero quiere escuchar tu confesión porque la confesión quebranta el poder del secreto.

Segundo, debemos pedir ayuda. La tentación prospera en aislamiento. Acán actuó solo y murió solo. La Biblia enseña: "Confesaos vuestras ofensas unos a otros, y orad unos por otros, para que seáis sanados" (Santiago5:16). La dirección de Dios a menudo llega a través de personas piadosas que Él pone a tu alrededor: un pastor, un mentor, un consejero, un amigo espiritual.

Es fundamental rodearse de alguien a quien puedas decirle: "Esto está en mi vida; necesito que ores conmigo y me ayudes a destruirlo". La vergüenza nos dice que nadie entenderá; la gracia nos dice que otros han pasado por lo mismo y que hay libertad cuando sacamos a la luz lo que nos mata en la oscuridad. Una iglesia saludable no es aquella donde nadie peca, sino en la que todos saben dónde ir cuando pecan.

Tercero, la ayuda debe incluir disciplina espiritual. Dios no solo expuso a Acán; pidió que se destruyera lo consagrado a los dioses. No fue un gesto simbólico; fue literal. La pornografía no se vence solo con lágrimas, sino con filtros, con un cambio radical en lo que consumes, con eliminar accesos, con renunciar a la privacidad total en tu dispositivo.

La avaricia no se supera solo con oración, sino con generosidad sacrificada. La ira no se sana solo con pedir perdón después de explotar, sino con aprender a callar, con consejería, con aprender a no alimentar pensamientos hostiles. El pecado es derrotado cuando hacemos morir lo terrenal en nosotros. La gracia no es excusa para dejar intacta la causa de nuestra caída. La gracia nos da poder para amputar lo que nos mata.

Cuarto, pide dirección de Dios. El mismo Dios que expuso el pecado también guió a Israel a la victoria después. Él no solo señala el problema; también provee la solución. Ora como David: *"Examíname, oh Dios, y conoce mi corazón; pruébame y conoce mis pensamientos; y ve si hay en mí camino de perversidad, y guíame en el camino eterno"* (Salmo 139:23-24).

Si el pecado oculto te hizo sordo a su voz, Él puede abrir tus oídos de nuevo. Dios habla a través de su Palabra —lee los Salmos de arrepentimiento *(Salmo 32, 51)*, lee las epístolas que llaman a la santidad, medita en Jesús que invita a los cansados y cargados a encontrar descanso. Dios también habla a través de su Espíritu —hay un susurro interior que te recuerda que eres hijo y que puedes clamar: "¡Abba, Padre!". Dios habla a través de la comunidad —a veces el consejo que necesitas lo escucharás en la mesa de un discipulado o en una conversación después del servicio. Su dirección no solo apunta al pecado; apunta a la vida abundante que Él tiene para ti.

Quinto, reconoce que la confesión no elimina todas las consecuencias, pero sí restaura el llamado. Acán fue juzgado conforme al pacto de su tiempo; Jesús cargó el juicio de nuestros pecados en la cruz. Sin embargo, las decisiones tienen repercusiones. Un hombre que confiesa adulterio debe afrontar la restauración de su matrimonio. Una mujer que admite una adicción necesita un proceso de sanidad. Un empresario que confiesa fraude debe responsabilizarse legalmente. La gracia no borra la historia; nos permite redimirla.

Lo importante es que una vida restaurada por Dios puede experimentar su respaldo de nuevo. Hai fue conquistada cuando se eliminó lo escondido. Tu Hai (ese próximo paso, ese llamado, esa victoria) será conquistada cuando dejes que Dios saque a la luz lo que has enterrado.

Finalmente, recuerda que esta confrontación ocurre porque Dios te ama demasiado como para dejarte viviendo de Jericó en Jericó y muriendo en Hai. **Él te llamó para más.**

Dios quiere que tu vida sea una historia de redención, no de tragedia.

Quiere usar tu pasado, incluyendo tus fracasos, para manifestar su gracia. Quiere que tus derrotas se conviertan en testimonios y que tus secretos se conviertan en puntos de encuentro con su misericordia. Quiere que experimentes la libertad real que solo llega cuando estás dispuesto a dejarlo todo.

La vergüenza te mantendrá ocultando. El orgullo te convencerá de que puedes manejarlo. El enemigo te recordará tu error para que huyas. Pero el Espíritu Santo te susurra la misma frase que Dios le dijo a Josué:

"Levántate".

Levántate porque hay una tierra por conquistar. Levántate porque tu caída no es tu final. Levántate porque no se trata de lo que tú enterraste, sino de lo que Cristo desenterró en ti cuando resucitó. Levántate porque el llamado sigue en pie.

¿Qué hay enterrado en tu tienda? Solo tú y Dios lo saben. Puede ser pornografía, adulterio, odio racial, envidia que te carcome, adicciones al alcohol, drogas o comida; autoimagen tóxica alimentada por redes sociales; juegos de azar en secreto; lenguaje sucio en tu mente que nunca verbalizas; idolatría de fama o dinero; autocompasión que te victimiza; un aborto que nadie conoce; abuso sexual que te marcó y te llevó a ocultar dolor; heridas profundas no sanadas; ansiedad o depresión reales que, sin acompañamiento y verdad, terminan gobernando decisiones y postergando procesos que Dios quiere sanar.

Esto no significa que el dolor emocional sea fingido o menor. Al contrario: es precisamente porque es real que necesita ser atendido con verdad, gracia y acompañamiento. Cuando el sufrimiento no se procesa, puede convertirse —sin intención— en una barrera que impide avanzar, no porque la persona quiera huir, sino porque aún no ha encontrado cómo sanar.

Sea lo que sea, Dios ya lo vio. No puedes esconder nada a quien ve hasta lo profundo del corazón. Pero puedes permitir que Él cave en la tierra de tu alma, quite el anatema y plante en su lugar un altar de obediencia. La santidad no es una carga imposible; es el fruto de caminar con Aquel que compró tu libertad con sangre.

Pedir ayuda no te hace débil; te hace sabio. Reconocer tu pecado no te hace menos espiritual; te hace humano necesitado de gracia. Buscar dirección no significa que no confíes en Dios; significa que quieres caminar exactamente donde Él quiere que camines.

Cuando decidas desenterrar lo oculto, descubrirás que Dios no solo restaura lo que perdiste; te dará más de lo que imaginaste. Israel no solo conquistó Jericó y Hai; poseyó la tierra prometida. Tú no solo serás libre de tus secretos; serás un testimonio de la gracia que puede con todo. Tu derrota revelará tu corazón, pero tu respuesta definirá tu futuro.

No esperes a que Hai te golpee para examinar tu tienda. No creas la mentira de que puedes seguir adelante con un llamado sin limpiar lo que lo está contaminando. La voz de Dios hoy no te condena; te invita. Esa voz te dice que levantes los ojos del suelo, que mires al cielo y que confieses lo que has escondido. Dios no te pedirá algo para avergonzarte; te lo pedirá porque quiere hacerte completamente libre.

Quizá esta sea la conversación más incómoda que has tenido con Dios. Quizá leer estas palabras remueve recuerdos, vergüenza o miedo. Está bien. La incomodidad es un indicio de que la verdad está tocando áreas anestesiadas. La vergüenza es una señal de que Dios quiere cubrirte con su perdón. El miedo es un síntoma de que has confiado en el secreto más que en la gracia. No huyas. Respira. Ora. Y abre la puerta.

Cuando Josué obedeció y se levantó, Dios le indicó exactamente cómo proceder: expón el pecado, arrepiéntete, vuelve a consagrar el campamento. No fue un proceso de un segundo, pero sí fue un camino seguro. Luego, Dios habló de nuevo, como lo hará contigo. Le dijo: *"No temas ni desmayes; toma contigo todos los hombres de guerra y levántate, sube a Hai"* (Josué 8:1).

La misma voz que lo confrontó lo volvió a empoderar. La misma mano que permitió la derrota lo llevó a la victoria. La misma presencia que se apartó mientras había pecado, volvió a marchar con su pueblo. Eso es lo que Dios hará contigo. Te levantará con un propósito renovado, con fuego en el corazón y con autoridad que no tenías antes. Y cuando mires atrás, verás Jericó, verás Hai y verás la tierra prometida y sabrás que cada derrota, cada confesión y cada lágrima valieron la pena, porque te acercaron al Dios que no deja nada enterrado que pueda destruirte.

ORACIÓN FINAL

Señor, hoy vengo delante de ti sin máscaras, sin excusas y sin tierra sobre lo que he enterrado.

No quiero seguir avanzando con algo oculto que detenga tu llamado ni tu presencia sobre mi vida.
Muéstrame lo que tú ves. Señálame lo que yo he ignorado.
Revela lo que mis ojos no han querido mirar.
Abre mis manos para soltar lo que tú has pedido que entregue.

Limpia mi tienda, Señor.
Purifica mi corazón.
Desentierra lo que ató mi alma, lo que contaminó mi camino, lo que robó mi victoria y lo que estancó mi propósito.

No quiero avanzar un paso más sin que tu luz alumbre hasta lo más profundo.
No quiero conquistar nada afuera mientras algo adentro me derrota.

Dame el valor de enfrentar lo oculto,
la humildad para pedir ayuda,
la valentía para confesar,
y la determinación para cambiar.

Que tu Espíritu Santo haga en mí lo que yo no puedo hacer solo:
romper cadenas escondidas,
cerrar puertas abiertas en la oscuridad,
y levantarme en santidad para caminar hacia lo que tú has preparado.

Señor, hoy declaro que nada en mi vida estará enterrado fuera de Tu voluntad.
No viviré dividido.
No viviré oculto.
No viviré lejos de tu presencia.

Levántame, Dios mío…
purificado, limpio, libre,
y listo para avanzar hacia la tierra que Tú has puesto delante de mí.

En el nombre de Jesús. Amén.

CAPÍTULO 5
¿ACASO NO TE ENVÍO YO?

CUANDO NO SABES QUIÉN ERES, DUDARÁS DE CÓMO DIOS TE VE

GEDEÓN

EL SUSURRO QUE DESPIERTA PROPÓSITO

Hay preguntas que Dios hace no para recibir respuestas, sino para revelar corazones. Preguntas que no suenan desde el cielo, sino desde lo profundo del alma. Preguntas que no buscan información, sino transformación.

Y una de ellas retumba todavía entre los siglos:

"¿No te envío yo?" (Jueces 6:14)

Esa pregunta tiene peso. No suena como una orden militar, sino como una llamada amorosa. No exige, despierta. No empuja, atrae. Y cuando llega, no importa si estás preparado; lo importante es si estás dispuesto a escuchar.

EL HOMBRE QUE SE ESCONDÍA
DE SU LLAMADO

Israel vivía oprimido. Los madianitas invadían sus campos, destruían sus cosechas y el pueblo se había acostumbrado a perder. El miedo se volvió parte de la rutina. Y en medio de ese ciclo de derrota, un joven llamado Gedeón decidió esconder un poco de trigo para salvar algo de lo que el enemigo no había destruido.

"Y vino el ángel de Jehová y se sentó debajo de la encina que está en Ofra, la cual era de Joás abiezerita; y su hijo Gedeón estaba sacudiendo el trigo en el lagar, para esconderlo de los madianitas".

(Jueces 6:11)

El lagar no era lugar para trillar trigo. Era un hueco en la tierra donde se exprimían uvas, sin viento, sin visibilidad, sin espacio. Un escondite. Ahí lo encontró Dios.

Dios siempre tiene la extraña costumbre de aparecer donde menos lo esperamos. No lo busca en el templo, sino en el lugar donde se esconde su propósito. No lo llama desde una plataforma, sino desde su miedo.

Y ahí, en su rincón de inseguridad, Dios le habla de su futuro:

"Jehová está contigo, varón esforzado y valiente".

(Jueces 6:12)

CARA A CARA CON LA DUDA

Lo impresionante de este encuentro no fue solo lo que Gedeón escuchó, sino lo que vio. El texto dice que "el ángel de Jehová vino y se sentó", no fue una visión ni una voz interior: fue una manifestación visible.

Gedeón tuvo frente a sus ojos al mismo mensajero del Dios que sacó a Israel de Egipto, aquel del que había oído desde niño. Y aun así… dudó.

Qué ironía; tenía al Dios que había oído en las historias frente a él, y todavía se sentía indigno.

A veces no dudamos de Dios porque no creamos en Él, sino porque no creemos que Él pueda usarnos a nosotros. Gedeón no cuestionaba el poder de Dios, cuestionaba su propio valor. Más pesaba lo que él pensaba de sí que lo que Dios pensaba de él.

Y aun con esa duda, Jehová lo esperó. Le permitió ir a preparar una ofrenda, matar el cabrito, cocer los panes y traerlos.

¡Qué paciencia la de Dios! No le dijo: "apresúrate", le dijo: "preséntalo". El fuego no cayó hasta que Gedeón regresó, y eso demuestra algo:

Dios no rechaza tu proceso, espera tu entrega.

LA CRISIS DE IDENTIDAD

Imagina a Gedeón levantando la vista, confundido, quizá hasta riendo nerviosamente.

"¿Valiente yo? Señor, yo solo estoy intentando sobrevivir".

Esa es la reacción de cualquiera que ha vivido mucho tiempo definiéndose por lo que ha sufrido.

La Biblia no nos da muchos detalles sobre Gedeón antes de ese momento. No sabemos su edad, su físico ni su carácter. Solo sabemos que no se sentía suficiente. Y esa es la clave.

Hay personas que no huyen de Dios por rebeldía, sino por baja estima. Gedeón no estaba en pecado; estaba paralizado por una identidad distorsionada.

LA DISTORSIÓN DEL ESPEJO

Vivimos en una generación que ha aprendido a verse en espejos rotos. Nos miramos a través de las opiniones de otros, los filtros de las redes, los números de aprobación o rechazo. Publicamos versiones editadas de nuestra vida, y cuando los demás aplauden esa imagen, creemos que ese reflejo es real. Pero la identidad no se construye con "likes"; se afirma con verdad.

Con el paso del tiempo, muchos han observado una realidad profunda:
La identidad humana se moldea por la voz que más escucha. No tanto por lo que hace, sino por quién le pone nombre.

Cuando el alma pierde su referencia en Dios, comienza a definirse por voces sustitutas: expectativas ajenas, etiquetas impuestas, fracasos pasados o comparaciones constantes. Esas voces terminan ocupando el lugar que solo la Palabra de Dios debería tener.

Y eso fue exactamente lo que le pasó a Gedeón. Escuchó tantas veces que su pueblo era débil, que su familia era la más pequeña, que él mismo terminó creyéndolo. Lo que oía de su entorno se volvió más fuerte que lo que Dios ya había dicho sobre él.

La voz que más escuchas termina definiendo quién crees que eres.

LA BATALLA POR MI NOMBRE

Yo pasé años mirándome en un espejo roto sin saberlo. No porque alguien lo rompiera; yo mismo lo fui quebrando con pensamientos que no venían de Dios.

Desde joven crecí rodeado de sobrenombres. Algunos eran chistecitos, otros eran flechas escondidas. Y otros, los más crueles, ni siquiera eran reales. Eran palabras que yo imaginaba que la gente pensaba de mí. Eran miradas que yo interpretaba como juicio, aunque nadie hubiese dicho nada.

Vivía alerta, hipersensible, intentando descifrar si alguien estaba riéndose de mí o comparándome. Era como vivir en un cuarto lleno de susurros; aunque la mayoría venían de mi propia mente. Y esos susurros comenzaron a tallar una identidad débil.

Hablar en público me aterraba. Dar una idea me parecía peligroso. Crear algo nuevo era imposible. Exponerme era impensable. Y sin darme cuenta, formé un hábito constante; esconderme. Esconder mis pensamientos, mis talentos y mis sueños. Esconderme de mí mismo.

HASTA MI NOMBRE ME PESABA.

Saúl. Un nombre hermoso, "pedido a Dios". Pero yo lo convertí en carga. Porque también recordaba al rey que fue rechazado, y sin darme cuenta, eso se convirtió en un eco emocional dentro de mí. Era como si mi propio nombre me recordara una supuesta sentencia: "Dios no se complace en ti".

Nadie me dijo eso. Pero mi mente, mis heridas y mis inseguridades lo repitieron hasta que lo creí.

Ese niño tímido, ese adolescente que no se gustaba en el espejo, ese joven que le tenía miedo a su propia voz no sabía quién era. Hasta que un día, cansado de esconderme de todos y de mí mismo, decidí rendirme a Dios.

Y Él no me transformó cambiando lo que veía en el espejo, sino cambiando la voz que estaba detrás de ese espejo. No me quitó los miedos; me tomó de la mano y me enseñó que no definían mi propósito. No borró mis inseguridades; me mostró que aun con ellas, Él podía usarme. No me cambió de la noche a la mañana, pero sí comenzó a sanar palabra por palabra, pensamiento por pensamiento.

Y ahora que miro atrás y me asombro. ¿Quién diría que aquel joven callado dirigiría corales? ¿Quién diría que aquel muchacho temeroso terminaría creando, escribiendo, enseñando, liderando? ¿Quién diría que alguien que no soportaba su propio reflejo terminaría encontrando su verdadera identidad en Dios?

Hoy sé algo que antes no sabía: Dios nunca habló de mí como yo hablaba de mí. Él nunca dudó de lo que puso en mí, aunque yo sí. Y eso lo cambia todo.

Y entendí algo que cambió mi vida: No eres quien otros dijeron que eras, ni quien tú pensaste que eras, ni quien el miedo trató de convencerte que eras. Eres quien Dios dijo que eres.

Él no se equivocó conmigo. Tampoco se equivocó contigo.

Y para recordármelo, su Palabra me abrazó con esta verdad:

"Vestíos del nuevo hombre, creado según Dios en la justicia y santidad de la verdad".

(Efesios 4:24)

TRES ESPEJOS DE IDENTIDAD

1. **Lo que pienso de mí.** Este espejo está lleno de grietas. Refleja el pasado, los errores, los miedos. Te dice: "No puedes", "no vales", "ya fallaste demasiado". Y mientras lo miras, crees que estás siendo humilde, pero en realidad estás creyendo una mentira. No es humildad negar lo que Dios afirmó. *"Porque tú formaste mis entrañas; tú me hiciste en el vientre de mi madre. Te alabaré, porque formidables, maravillosas son tus obras; Estoy maravillado, y mi alma lo sabe muy bien" (Salmo 139:13-14).* Dios no se equivocó contigo. Quizá tu historia tenga errores, pero tu diseño no los tiene.

2. **Lo que otros piensan de mí.** Este es el espejo más ruidoso. Nos pasamos la vida tratando de reflejar la luz de otros, aunque no nos pertenezca. Queremos agradar, encajar, ser

aceptados. Y cuando no lo logramos, pensamos que valemos menos. Pero la opinión humana es volátil; hoy te celebra, mañana te cancela. *"Porque el hombre mira lo que está delante de sus ojos, pero Jehová mira el corazón" (1 Samuel 16:7).* Cuando dejas que la mirada de los demás defina tu valor, terminas actuando para una audiencia equivocada. Y así, como Gedeón, te escondes en un lagar tratando de salvar una reputación, no un propósito.

3. **Lo que Dios dice de mí.** Este es el único espejo que no cambia. No se rompe, no se oxida, no se actualiza con la moda. Es eterno. En él, no ves tu pasado, ves tu llamado. *"Mas vosotros sois linaje escogido, real sacerdocio, nación santa, pueblo adquirido por Dios" (1 Pedro 2:9).* Cuando te miras en ese espejo, descubres que tu valor no depende de lo que haces, sino de quién te escogió. Ahí es donde comienza la libertad. No puedes descubrir tu propósito hasta que abraces tu verdadera identidad.

CUANDO EL LLAMADO CHOCA CON LA BAJA ESTIMA

El problema de Gedeón no era falta de fe en Dios, era falta de fe en sí mismo. Por eso Dios no le habló del enemigo, sino de su fuerza.

"Ve con esta tu fuerza..." (Jueces 6:14)

Dios no lo motivó, lo comisionó. No lo halagó, lo activó. Y eso es lo que hace con todos los que alguna vez hemos dudado del llamado.

El cielo no está esperando que superes tus inseguridades para usarte. Te usa para superarlas.

El envío no viene después de la sanidad; la sanidad ocurre en el envío.

Dios no te envía cuando estás listo; te envía para que descubras que ya lo estabas.

LA VOZ QUE REDIME

La voz de Dios no solo corrige; redime. Cuando Él te habla, no describe tu presente, despierta tu propósito. Esa es la esencia del llamado: identidad redimida por la voz de Dios.

> *"No temas, porque yo te redimí; te puse nombre, mío eres tú".*
>
> *(Isaías 43:1)*

Cada vez que Dios pronuncia tu nombre, recuerda quién eres. Y mientras el enemigo intenta definirte por tu error, Dios te renombra desde tu destino.

Gedeón fue llamado antes de ganar una batalla, antes de levantar un ejército, antes de creer en sí mismo.

Y lo mismo ocurre contigo. Dios no te llama por lo que haces, sino por lo que Él depositó en ti. La voz de Dios no busca convencerte de hacer algo, sino recordarte quién eres mientras lo haces.

EL RECLAMO DE LA DEBILIDAD

Cuando Dios le dijo a Gedeón "Ve con esta tu fuerza", él debió pensar: "¿Cuál fuerza, Señor? ¡Si yo apenas tengo ánimo para trillar trigo en un hueco!".

"Y él le respondió: Ah, Señor mío, ¿con qué salvaré yo a Israel? He aquí que mi familia es pobre en Manasés, y yo el menor en la casa de mi padre".

(Jueces 6:15)

Gedeón hizo lo que todos hacemos cuando Dios nos llama: sacó la lista de excusas. Algunos sacan un pergamino; otros, una tesis completa.

Y no lo juzguemos, porque tú y yo hemos hecho lo mismo:

- "Señor, no tengo tiempo".

- "Señor, no tengo talento".

- "Señor, no tengo los recursos".

Y Dios responde con la misma calma eterna:
"Pero me tienes a mí".

A veces pareciera que nuestras oraciones son discusiones entre un arquitecto y el edificio que no quiere construirse.

Cuando Dios te llama, no te pregunta por tus recursos, sino por tu respuesta.

HAZ LAS PACES CON TU FUERZA

Gedeón no tenía un problema de fuerza; tenía un problema con su fuerza. No sabía cómo usarla, ni aceptarla, ni verla como algo divino. Era fuerte, pero su mente aún no lo creía.

El problema no es tu debilidad, es que te hiciste amigo de ella y enemigo de tu fuerza. Y eso somos muchos: expertos en describir lo que no somos. Nos miramos al espejo y sabemos enumerar defectos mejor que virtudes.

Hemos hecho de la autocrítica una forma de humildad.

Pero la humildad no es negarte, es alinearte con la verdad de Dios sobre ti. Humildad no es pensar menos de ti, es pensar más en lo que Dios puede hacer contigo.

CUANDO TE CONVIERTES EN TU PROPIO OBSTÁCULO

Algunos enemigos no vienen con lanza ni espada, vienen con pensamientos. Esos pensamientos que dicen: "No estás listo", "ya lo intentaste", "no eres suficiente". Gedeón estaba rodeado de enemigos afuera, pero el más peligroso estaba dentro de él. Y ahí es donde muchos se quedan.

Dios te da un sueño, una palabra, un llamado, pero la batalla más grande no está afuera, sino en tu mente. El enemigo no te detiene con cadenas, sino con dudas, y tú mismo terminas saboteando lo que Dios quiso bendecir.

A veces el enemigo no te vence; tú mismo te rindes antes de pelear.

LA GUERRA DEL PENSAMIENTO

Si la mente de Gedeón fuera un grupo de *WhatsApp*, tendría dos contactos que no paran de escribirle.

Uno se llama Miedo y el otro Dios.

El problema es que Miedo siempre escribe primero y manda

audios largos. "Mira, no puedes, eres el menor, nadie te va a escuchar". Y cuando Dios por fin envía su mensaje, suena más suave, más breve, pero más verdadero:

"Eres valiente, te envío, yo estoy contigo." Y ahí está Gedeón, leyendo ambos mensajes, con el dedo encima del teléfono, sin saber a cuál responderle primero. Porque eso hacemos; en la iglesia decimos "amén", pero saliendo, abrimos otra vez el chat del miedo.

Y lo peor es que a veces silenciamos a Dios y luego decimos que no nos contesta.

"Porque cual es su pensamiento en su corazón, tal es él".

(Proverbios 23:7)

Si lo que piensas de ti no se alinea con lo que Dios dice, siempre vivirás frustrado entre lo que podrías ser y lo que te crees que eres.

El enemigo no necesita destruirte; solo necesita distraerte de quién eres.

Hay personas que viven su vida espiritual como si caminaran con los frenos puestos. Tienen dirección, tienen destino, pero no avanzan porque temen moverse.

Y el problema no es falta de capacidad, sino miedo al movimiento. Dios ya les dio el mapa, pero siguen esperando que el semáforo espiritual se ponga en verde cuando Él hace rato dijo: "¡Avanza!".

Otros son como una lámpara con luz potente, pero con el interruptor apagado. Tienen poder, pero no lo dejan brillar. Y mientras oran por "más unción", Dios solo espera que enciendan lo que ya puso dentro.

Tu potencial no se activa cuando entiendes todo, sino cuando decides avanzar.

EL SÍNDROME DEL IMPOSTOR ESPIRITUAL

¿Alguna vez has sentido que no mereces lo que Dios dijo de ti? Como si Él se hubiera equivocado de persona. Como si estuvieras ocupando un lugar que no te corresponde. Eso se llama síndrome del impostor, y en lo espiritual, lo sufrimos más de lo que admitimos.

Hay gente que ora, sirve, predica o canta, y aún siente que no califica. Pero la verdad es que ninguno califica —por eso la gracia.

"No que seamos competentes por nosotros mismos para pensar algo como de nosotros mismos, sino que nuestra competencia proviene de Dios".

(2 Corintios 3:5)

Dios no se equivocó contigo. Tú sí, pero Él no.

DEJA DE PELEAR CON TU REFLEJO

Gedeón estaba peleando con la imagen que veía. Y así vivimos muchos: discutiendo con lo que somos, como quien se mira al espejo y no acepta lo que ve. Pero Dios no te invita a pelear contigo mismo, ni a convencerte por tus propias fuerzas, sino a rendirte a lo que Él ve en ti.

No hay paz hasta que haces las paces con tu propósito. No hay descanso hasta que dejas de esconder tu fuerza bajo excusas santificadas. La obediencia no empieza cuando entiendes el llamado, sino cuando aceptas quién te está llamando.

CUANDO EL CIELO TE CORRIGE CON TERNURA

Lo hermoso de la historia es que Dios no se cansa de reafirmarlo. No le grita, no lo avergüenza, no lo deja solo.

Le dice:

> *"Ciertamente yo estaré contigo, y derrotarás a los madianitas como a un solo hombre".*

> *(Jueces 6:16)*

Dios no discute con tus inseguridades, las disuelve con su presencia. Y eso es lo que transforma a Gedeón: no una estrategia, sino una voz. Una voz que lo convence de que no está solo.

La presencia de Dios no solo te acompaña, te convence.

Quizás llevas años sirviendo, pero todavía te cuesta creer que Dios puede usarte más allá de lo que conoces. Quizás dejaste de soñar porque alguien te hizo dudar de ti. O tal vez te acostumbraste a sobrevivir en el lagar —cómodo, seguro, limitado.

Hoy Dios te pregunta de nuevo:

"¿No te envío yo?"

No para humillarte, sino para recordarte que fuiste hecho para más. No para exponerte, sino para enviarte.

No naciste para esconderte en lo que temes, sino para caminar en lo que crees.

Gedeón no cambió en un día, y tú tampoco lo harás. Pero el cambio comienza cuando dejas de discutir con la voz de Dios. Haz las paces con tu fuerza. Haz las paces con lo que Dios ya dijo de ti.

Porque no es soberbia creerle a Dios cuando Él dice que te ha enviado; es obediencia. Porque cuando Dios envía, Él respalda.

El llamado no se discute; se responde.

DERRIBANDO LOS ALTARES QUE OCULTAN TU IDENTIDAD

Antes de levantar espada, Gedeón tuvo que levantar valor. Y su primera misión no fue contra Madián, sino contra su propio pasado.

Dios le ordenó destruir el altar de Baal que pertenecía a su padre y cortar el ídolo de Asera. De noche, temeroso, pero decidido, Gedeón obedeció.

Porque antes de conquistar al enemigo de afuera, debía derribar al enemigo interior: la idolatría heredada, la tradición que lo mantenía esclavo de una identidad ajena. Nadie puede vivir su nueva identidad sin romper con los viejos altares.

A veces esos altares no son estatuas, sino hábitos, pensamientos o voces que seguimos adorando sin darnos cuenta. Son cosas que nos hacen sentir seguros, pero nos impiden ver quiénes somos realmente en Dios.

Y cuando la gente despertó y vio los altares destruidos, lo llamaron "Jerobaal", que significa "el que pelea contra Baal". Ese nuevo nombre no vino de Dios, sino de las personas. Fue una mezcla de burla y respeto, un apodo que marcaba lo que había hecho, pero no necesariamente quién era.

Hay nombres que te ponen por tus errores, otros por tus victorias. Algunos te encasillan, otros te elevan. Pero ninguno de ellos define lo que Dios ya dijo de ti.

Cuidado con confundir tu apodo con tu propósito.

Los sobrenombres, halagos o críticas pueden moldear tu mente más de lo que imaginas. Gedeón tuvo que aprender a seguir creyendo en lo que Dios le dijo, aun cuando lo llamaran de otra manera.

Dios no lo veía como Jerobaal...

Dios seguía viéndolo como "varón esforzado y valiente".

(Jueces 6:12)

Y cuando por fin decides decir "sí", no desaparece la duda, pero aparece un Dios paciente que confirma, reduce y sopla.

EL PAN QUE RUEDA Y
EL DIOS QUE NO SE EQUIVOCA
El vellón y las confirmaciones

Gedeón no rechazó el llamado, pero necesitaba seguridad. Pidió pruebas, una tras otra, buscando confirmar que realmente era Dios quien lo enviaba.

Primero, trajo una ofrenda: un cabrito, panes sin levadura y caldo. El ángel tocó la carne con su báculo y el fuego subió de la roca y consumió la ofrenda.

Esa fue la primera confirmación: fuego sobre lo que había entregado. Ahí Gedeón comprendió que no hablaba con un mensajero común. Pero más adelante, cuando Dios le ordenó reunir un ejército, el miedo volvió. Así que pidió otra señal: el famoso vellón de lana.

Y aquí vale aclarar algo. Cuando la Biblia habla de un "vellón", no se refiere a una moneda, sino a un trozo de lana recién cortada de una oveja; un pedazo suave, absorbente, usado en aquel tiempo para tareas cotidianas. Gedeón lo tomó como símbolo de prueba: algo sencillo, algo que no tenía poder por sí mismo, pero que podía revelar la acción de Dios.

> *"He aquí, yo pondré un vellón de lana en la era; y si el rocío estuviere en el vellón solamente, quedando seca toda la tierra alrededor, entonces entenderé que salvarás a Israel por mi mano, como has dicho".*
>
> *(Jueces 6:37)*

Y Dios lo hizo. A la mañana siguiente, el vellón estaba empapado y el suelo seco. Pero la mente humana —y el corazón temeroso— siempre quiere una segunda opinión.

Así que Gedeón pidió la prueba contraria:

"No se encienda tu ira contra mí, hablaré esta vez solamente: probaré ahora otra vez con el vellón, te ruego que solo el vellón quede seco, y el rocío sobre la tierra".

(Jueces 6:39)

Y Dios, en su infinita paciencia, lo hizo otra vez.

Esa lana, ese pedazo aparentemente insignificante, se convirtió en el escenario donde Gedeón aprendió algo esencial: que la fe no se trata de entender a Dios, sino de aprender a confiar en cómo Él responde.

Cada gota de rocío era una palabra, cada fibra mojada era una afirmación celestial: "Sí, fui yo quien te llamó".

Cada prueba fue una confirmación, pero también una lección: Dios no se ofende por tus inseguridades si lo buscas sinceramente. Él puede trabajar con tu duda mientras sigas dispuesto a obedecer.

Dios no se molesta con tus preguntas; se glorifica cuando lo invitas a responderlas.

Cuando la duda vuelve a tocar la puerta

Después de todas las señales, palabras y promesas, Gedeón sigue temblando. Y si somos sinceros, lo entendemos. Porque creer una sola vez es fácil; mantenerse creyendo todos los días, eso es lo difícil.

Él había visto el fuego que brota de la roca consumir la ofrenda, había escuchado la voz, había sentido la presencia.

Pero cuando llegó la hora de actuar, volvió la duda, esa visita incómoda que siempre llega sin avisar.

Y es aquí donde muchos nos parecemos a él.

Recibimos una palabra, lloramos en la adoración, sentimos fuego, pero al salir del templo, nos enfría la realidad. El miedo toca la puerta y nos pregunta:

"¿Y si te equivocaste?"

La duda no es el fin de tu fe; es el punto donde decides en quién confías más.

El ejército reducido

Con las señales cumplidas, Gedeón reunió su ejército: treinta y dos mil hombres listos para pelear.

¡Parecía el comienzo de una gran victoria!

Pero Dios tenía otros planes.

"Y Jehová dijo a Gedeón: El pueblo que está contigo es mucho para que yo entregue a los madianitas en su mano, no sea que se alabe Israel contra mí, diciendo: Mi mano me ha salvado".

(Jueces 7:2)

Así que vino la primera reducción:

"Diles que quien tenga miedo, que se devuelva".

Y veintidós mil se fueron. Solo quedaron diez mil. Dios miró

ACASO NO TE ENVÍO YO?

y dijo: "Aún son muchos". Y lo llevó al río para probarlos de nuevo.

Solo trescientos hombres fueron escogidos: aquellos que bebieron agua sin perder la vigilancia, atentos, alertas. Dios no busca multitudes, busca corazones dispuestos.

La enseñanza era clara: no se trataba de la cantidad del ejército, sino de la calidad de la fe. Dios quería que Gedeón entendiera que la victoria no depende de los números, sino de su presencia.

¿Cuántas veces Dios también ha reducido tus recursos, tus apoyos, tus "ejércitos"? No para dejarte solo, sino para demostrarte que Él basta.

Dios a veces te quita lo que confunde tu dependencia.

El sueño del enemigo

"Y cuando llegó Gedeón, he aquí que un hombre contaba a su compañero un sueño, diciendo:

He aquí que yo soñé un sueño: veía un pan de cebada que rodaba hasta el campamento de Madián,

y llegó a la tienda, y la golpeó de tal manera que cayó, y la trastornó de arriba abajo, y la tienda cayó".

(Jueces 7:13)

Un pan de cebada. Nada heroico, nada glorioso. Algo común, simple, barato. Pero en manos de Dios, lo simple se vuelve imparable.

El enemigo estaba soñando con el símbolo de la victoria de Gedeón, y Gedeón todavía estaba dudando de sí mismo.

¿Te imaginas eso?

Mientras tú te cuestionas si puedes, el infierno ya está nervioso porque sabe que vas a poder.

A veces el enemigo cree más en tu llamado que tú mismo.

EL PAN QUE RUEDA

Dios le muestra a Gedeón que la victoria no vendría con espadas, sino con algo tan cotidiano como un pan. Porque lo que el mundo llama "común", Dios lo llama "instrumento".

Ese pan rodando representa una fe que ya no camina con miedo, sino que rueda con propósito.

Y tú, lector, eres ese pan.

Eres esa masa que fue aplastada, fermentada, metida al fuego y ahora rueda impulsada por el viento del Espíritu. Nada atractivo, nada perfecto, pero preparado por las manos del Maestro.

Dios no usa lo que brilla; usa lo que está dispuesto.

De insignificante a imparable

El pan de cebada era el alimento de los pobres. Gedeón se veía como el menor de su casa. Nada coincidía con la lógica de una victoria. Pero eso es lo que hace la gracia: convierte lo ordinario en sobrenatural.

"Lo necio del mundo escogió Dios, para avergonzar a los sabios; y lo débil del mundo escogió Dios, para avergonzar a lo fuerte".

(1 Corintios 1:27)

Ese pan rodando derriba tiendas como tus pequeñas decisiones de fe derriban montañas invisibles. No necesitas ser grande para vencer; necesitas ser guiado.

No se trata del tamaño del pan, sino del poder del viento que lo impulsa.

La señal del coraje

Después de oír el sueño, Gedeón no pidió otra señal. Por primera vez, adoró.

"Y aconteció que cuando Gedeón oyó la interpretación del sueño y su relato, adoró".

(Jueces 7:15)

Eso marca el cambio. El mismo hombre que se escondía en el lagar ahora se inclina en adoración. Antes temía perder; ahora teme desobedecer. Esa es la verdadera transformación.

La adoración no empieza cuando todo sale bien, sino cuando tu corazón decide creer antes de ver.

EL DIOS QUE NO SE EQUIVOCA

Dios nunca se equivocó con Gedeón, aunque Gedeón dudó de sí mismo muchas veces. Y tampoco se equivocó contigo.

Él sabía todos tus temores antes de llamarte. Sabía tus caídas, tus errores, tus inseguridades y aun así dijo: "Te envío".

Porque su llamado no depende de tu perfección, sino de su propósito. Dios no te escogió porque ya fueras una obra terminada; sino porque confía en lo que Él mismo puso dentro de ti. La Escritura lo afirma con claridad: Dios escoge lo vil y lo menospreciado para avergonzar lo fuerte, para que nadie se gloríe delante de Él *(1 Corintios 1:27–29)*. No porque vea incapacidad como virtud, sino porque su poder se perfecciona en la dependencia. Si Dios no confiara en su creación, no le habría delegado a Adán el cuidado del Edén. Si Dios no confiara en lo que forma, no llamaría a pastores, fugitivos o temerosos para cambiar la historia. Cuando Dios llama, no está apostando; está afirmando su diseño.

Cuando el fuego vuelve a arder

Hay personas que alguna vez caminaron con Dios, que fueron usadas con poder, que hablaron con fuego, que oraron con autoridad, pero dejaron que su identidad se enfriara.

Aceptaron una versión falsa de sí mismos. Cambiaron la voz de Dios por los aplausos de la gente, o por el silencio del cansancio. Y el enemigo los convenció de quedarse ahí: satisfechos con el recuerdo, apagados en apariencia, cómodos en su versión antigua.

Pero hoy Dios te dice:

"No te dejé en pausa; te estaba preparando".

Si alguna vez fuiste pan en el horno de Dios, no te resignes a ser masa sin propósito. Vuelve a rodar. Vuelve a creer. Vuelve a decir: "Sí, Señor, aquí estoy".

Hay un fuego que no se apaga; solo espera tu obediencia para volver a encenderse.

La victoria interior

Gedeón no solo venció a los madianitas. Venció a la voz que le decía que no podía. Su mayor enemigo no cayó en el campo de batalla, cayó en su mente.

Y ese también es tu campo. Cada vez que eliges creerle a Dios por encima del miedo, ganas una guerra que el enemigo nunca podrá ver. La fe no siempre se mide en gritos o milagros, a veces se mide en el simple acto de decir: "Sí, Señor".

El cielo no aplaude cuando te destacas; aplaude cuando obedeces.

EL ECO DE LA PREGUNTA

"¿No te envío yo?" Esa pregunta no caduca. No fue solo para Gedeón. Es la voz que sigue resonando en cada alma que alguna vez sintió que no podía.

Y esa voz no te empuja, te recuerda. Te recuerda que no fuiste diseñado para esconderte, sino para avanzar. Que no fuiste llamado a agradar, sino a obedecer. Que no fuiste formado para quedarte en el lagar, sino para liderar batallas que liberen a otros.

El llamado de Dios no expira cuando dudas; se reactiva cuando obedeces.

ORACIÓN

Señor, gracias porque tu voz me alcanza incluso cuando no sé quién soy. Gracias porque ves en mí algo que yo olvidé ver, y me llamas por mi nombre, no por mis fallas.

Hoy elijo hacer las paces con quien realmente soy en ti. Ya no quiero definirme por el miedo, por el pasado o por lo que otros dijeron. Enséñame a verme como tú me ves: redimido, valiente y enviado.

Si tú me envías, yo iré. Aunque tiemble, aunque dude, aunque todavía esté aprendiendo a creer. Porque si tú me llamas, ya no puedo esconderme.

Hazme rodar como ese pan: sencillo, pero lleno de identidad, propósito y fe. Amén.

CAPÍTULO 6

¿POR QUÉ TUVISTE EN POCO MI PALABRA?

EL FINAL DE TU HISTORIA LO ESCRIBE LA GRACIA, NO TU VERGÜENZA

DAVID

UN REY ESCOGIDO, PERO HUMANO

No tengo problema en admitirlo: David es uno de mis personajes favoritos de la Biblia. No solo porque Dios lo escogió siendo un simple pastor –un adolescente que cuidaba ovejas en Belén–, sino porque su historia demuestra que la grandeza de Dios puede brotar de la pequeñez humana. David no buscó el trono; fue ungido en secreto y siguió sirviendo a su padre.

Cuando se enfrentó a Goliat, no fue por fama, sino por celo por el nombre del Señor. Y, aun después de ser ungido como rey, supo esperar su tiempo. Saúl seguía en el trono y David, en lugar de arrebatar el poder, se mantuvo humilde. Su relación con Jonatán, el hijo de Saúl fue de lealtad sincera; amó al hijo de quien quería matarlo. *"E hicieron pacto Jonatán y David, porque él le amaba como a sí mismo" (1 Samuel 18:3–4).*

Más adelante, cuando ya era rey, buscó a Mefiboset, hijo inválido de Jonatán, para mostrarle misericordia.

> *"¿Ha quedado alguno de la casa de Saúl, a quien haga yo misericordia por amor de Jonatán?"*
>
> *(2 Samuel 9:1)*

Todas estas escenas lo dibujan como un hombre sensible a Dios y a las personas. Esa combinación de valentía, humildad y misericordia es inspiradora.

Pero la Biblia no nos oculta sus sombras. Después de tantas victorias, David cometió pecados voluntarios que no se pueden atribuir a un "ataque del enemigo". Fue la debilidad de un corazón que se durmió en la comodidad. El relato de Betsabé y Urías, en 2 Samuel 11, lo sitúa en la cúspide del poder y al mismo tiempo en el fondo moral. Dios envió al profeta Natán a confrontarlo con una pregunta incisiva:

"¿Por qué, pues, tuviste en poco la palabra de Jehová?"

(2 Samuel 12:9)

Esa pregunta es el eje de este capítulo. ¿Cómo puede alguien tan amado y usado por Dios despreciar su palabra? ¿Qué ocurre cuando el héroe se convierte en villano de su propia historia? Y, quizás más crucial, ¿qué nos enseña sobre nuestras propias debilidades y la gracia que sigue persiguiéndonos?

HAY PREGUNTAS... Y HAY PREGUNTAS

A Dios le encanta enseñar a través de preguntas. "¿Dónde estás?", preguntó en Edén no para ubicar a Adán geográficamente, sino para que reconociera su desvío moral. "¿Qué haces aquí, Elías?", fue la interrogante en la cueva de Horeb que lo sacó de la autocompasión. "¿A quién enviaré, y quién irá por nosotros?", provocó la entrega de Isaías a la misión. Estas preguntas despiertan propósito, movilizan y activan la fe. Pero hay otras que nos desnudan: Natán contó una parábola sobre un hombre rico que robó la oveja de un pobre, y cuando David se indignó, el profeta lo miró a los ojos y preguntó:

"¿Por qué menospreciaste la palabra de Jehová?".

(2 Samuel 12:9)

Ahí no hay elogios ni invitaciones heroicas; hay confrontación. ¿Por qué Dios nos confronta así? ¿No sería más sencillo ignorar nuestras faltas? La respuesta es que Dios nos ama demasiado como para dejarnos en el autoengaño.

Las preguntas que nos duelen son las que nos sanan.

Quizás has sentido algo parecido: lees un pasaje, escuchas una predicación o una persona de confianza te dice: "**¿Por qué sigues en ese camino si sabes que te destruye?**" Son preguntas que atraviesan la armadura. Y lo más incómodo: muchas veces sabemos que la respuesta no es "porque el diablo me obligó", sino "porque me dejé llevar". Es más fácil atribuir todo a ataques espirituales que reconocer nuestros deseos desordenados. Esa honestidad es parte de la sanidad.

Un detalle interesante es que, antes de que Natán lanzara la pregunta, dejó que David emitiera un juicio sobre la parábola. ¿Te has dado cuenta de que muchas veces solemos ser estrictos, severos o críticos con los errores de otros, pero cuando se trata de nosotros mismos, somos más suaves, tolerantes o hasta justificativos? Dios nos permite ver nuestra hipocresía para que, como David, digamos:

"Pequé contra Jehová". (2 Samuel 12:13)

Es allí, al reconocer la verdad, donde comienza la liberación.

VERGÜENZA QUE SE CONVIERTE EN CADENA
David pecó voluntariamente. La Biblia no habla de un demonio de lujuria acechándolo en la terraza; habla de un rey

ocioso que vio algo que no debía y decidió actuar. Después de acostarse con Betsabé, su reacción inmediata fue esconderse. La vergüenza entró en escena.

"Mientras callé, se envejecieron mis huesos en mi gemir todo el día. Porque de día y de noche se agravó sobre mí tu mano; se volvió mi verdor en sequedades de verano".

(Salmo 32:3-4)

Las palabras son gráficas: los huesos envejecen, la vida se seca. El pecado oculto tiene un efecto fisiológico y emocional. La mano de Dios pesa no como venganza, sino como un recordatorio de que algo anda mal. Cuando nos escondemos, nos marchitamos.

¿Te has sentido así alguna vez? Puede que no sea adulterio, pero sí la envidia que nunca confesaste, el resentimiento que alimentas en secreto, la mentira "pequeña" que nadie sabe. Todo pecado oculto se convierte en carga. Lo interesante es que la vergüenza produce dos reacciones opuestas: o nos lleva a tapar más, o nos impulsa a confesar. En el caso de David, al principio fue lo primero. Mandó llamar a Urías para que pareciera que el niño era de él; luego lo envió a la muerte. La vergüenza lo llevó a manipular y asesinar. Aquí no hay "Satanás me hizo hacerlo"; hay un corazón que decide el camino más fácil.

Además, la vergüenza tiene la fea costumbre de multiplicarse. Lo que comenzó con la mirada codiciosa de un hombre termina afectando a todo un reino. Cuando Amnón, hijo de David, violó a su hermana Tamar, el padre enmudeció. ¿Cómo podía corregir algo que él mismo había hecho? La vergüenza silenció su autoridad. Absalón, hermano de Tamar, mató a Amnón y después conspiró contra su padre. La espada profetizada por Natán no se apartó de su casa. *"Por lo cual ahora no se apartará jamás de tu casa la espada..." (2 Samuel 12:10).*

LA PASIVIDAD EN LA PUERTA ABRIÓ LA ENTRADA AL CAOS.

La vergüenza también te roba la identidad. *"Mi pecado está siempre delante de mí" (Salmo 51:3),* dice el salmista. De repente, en tu mente, ya no eres "hijo de Dios", sino "el que hizo tal cosa". La vergüenza te bautiza con nuevos nombres: adúltero, traidor, hipócrita. Así opera el enemigo: te tienta y luego te acusa. El problema es que, si le crees, aceptas un nombre que Dios no te ha dado. Reemplazas la voz del Padre que dice: "eres amado", por la del acusador que susurra "eres defectuoso".

Un aspecto que a menudo olvidamos es que la vergüenza no viaja sola. Arrastra dolor, silencio y distancia. Dios puede perdonar en un instante, pero las personas que amamos necesitan tiempo para sanar. La confesión no borra los recuerdos de una esposa traicionada o de hijos que vieron a su padre vivir doble vida. Por eso es importante entender que la restauración vertical (con Dios) y la horizontal (con las personas) no suceden simultáneamente ni a la misma velocidad. Cuando herimos, no podemos exigir a otros que reaccionen como Dios.

Dios olvida nuestros pecados; nuestros seres queridos los recuerdan, y esas cicatrices forman parte de la historia. Reconocerlo no es falta de fe; es respeto por la humanidad del otro.

¿Y cómo rompemos esa cadena? La confesión es el primer golpe. David lo vivió:

"Mi pecado te declaré, y no encubrí mi iniquidad. Dije: Confesaré mis transgresiones a Jehová; y tú perdonaste la maldad de mi pecado".

(Salmo 32:5)

Confesar no es solo descargar la conciencia; es llamar al pecado por su nombre y asumir la responsabilidad. Hay un alivio que viene al sacar a la luz lo que nos está matando. Confesar a Dios trae perdón; confesar a quienes hemos herido inicia un proceso de restauración. Pero, ojo: confesar no elimina mágicamente las consecuencias. David fue perdonado, pero su hijo murió; su familia quedó fracturada. De igual manera, cuando alguien confiesa una infidelidad, la confianza no se restaura en un día. Se requerirá paciencia, límites, terapia y mucha gracia. Dios borra la culpa, pero no borra las cicatrices que otros llevan. Esa tensión es parte de nuestro camino cristiano. Celebrar el perdón sin evadir la responsabilidad.

LA VOZ DEL PASTOR QUE CORRIGE Y RESTAURA

En medio del desastre que provocó su pecado, David descubrió algo: **Dios no solo lo confronta, también lo pastorea.** El mismo que lo sacó de los prados para enfrentarse a Goliat ahora lo llama al arrepentimiento. Hebreos afirma:

"Porque el Señor al que ama, disciplina, y azota a todo el que recibe por hijo".

(Hebreos 12:6)

Eso rompe con nuestra idea de Dios como un juez distante que solo dicta veredictos. Dios corrige porque ama. La disciplina no es castigo, sino terapia. Nos endereza cuando hemos torcido el camino.

¿Recuerdas el Salmo 23? *"Jehová es mi pastor; nada me faltará"*. David lo escribió antes de su caída, pero esa verdad seguía siendo cierta después. El Pastor no abandona a la oveja herida; la cura y la guía de vuelta. Aun después de su adulterio, David fue pastoreado. La corrección llegó a través de Natán, pero la restauración vino de Dios mismo. La gracia de Dios es tan radical que sigue llamándonos, aunque hemos despreciado su palabra. ¿No es esto motivo de asombro? Muchos de nosotros, si hubiéramos estado en el lugar de Dios, habríamos cancelado a David. Dios, en cambio, lo enfrenta, lo disciplina y lo restituye.

La vara y el cayado no solo consuelan, también corrigen. Nos encanta escuchar que Dios nos guía "a delicados pastos", pero olvidamos que, para llegar allí, a veces usa la vara. La vara espanta a los lobos y también golpea suavemente a la oveja que se acerca al precipicio. Aceptar la corrección de Dios es un acto de confianza. Implica admitir que Él sabe mejor. Es reconocer que no todos los obstáculos vienen del diablo. Cuando tu líder espiritual o tu esposo/a te confronta, ¿puedes discernir si esa voz viene del Pastor? No toda corrección es ataque. A veces, el "no" que recibes es la vara del amor.

Es importante destacar una verdad: **la corrección de Dios es perfecta, pero nosotros somos humanos.** Cuando confesamos, Dios perdona y decide no traer a memoria nuestro pecado *(1 Juan 1:9).* Pero quienes nos rodean sí recuerdan. Eso genera un proceso complejo: espiritualmente estamos limpios, pero relacionalmente hay cicatrices. Un marido infiel puede experimentar la paz de Dios y, al mismo tiempo, enfrentarse a la mirada desconfiada de su esposa. Una líder que abusó de su autoridad puede recibir el perdón divino, pero necesitará tiempo para recuperar credibilidad. La gracia borra la culpa ante Dios; la confianza ante los hombres se reconstruye con constancia. Mientras tanto, conviven la libertad interna y la fragilidad externa. Es un espacio incómodo donde aprendemos humildad.

Aceptar la vara es abrazar la gracia. Algunos quieren gracia sin disciplina; otros, disciplina sin gracia. La Biblia nos ofrece ambas. David experimentó perdón y consecuencias. Su hijo murió, pero él no fue desechado como rey. La espada no se apartó de su casa, pero Dios no le quitó el trono. **La corrección divina no elimina el dolor, pero lo transforma en madurez.** Muchos de los salmos más profundos surgen de este periodo. David ya no canta solo sobre victorias, sino sobre misericordia, sobre cómo el quebrantamiento atrae el favor divino. La disciplina nos hace más humanos y, paradójicamente, más semejantes a Dios. Nos recuerda que somos polvo, dependientes de la gracia.

Tal como Pablo escuchó de Jesús:

"Bástate mi gracia; porque mi poder se perfecciona en la debilidad".

(2 Corintios 12:9)

LA HISTORIA NO TERMINA EN TU FRACASO

Si algo nos enseña la vida de David es que **el fracaso no tiene la última palabra**. Después de su caída, escribió el Salmo 51:

> *"Crea en mí, oh Dios, un corazón limpio, y renueva un espíritu recto dentro de mí".*
>
> *(Salmo 51:10)*

¿Notaste que no pide simplemente "perdóname"? Pide un corazón nuevo. David entendió que su problema no era solo un hecho puntual, sino una condición interna. La gracia de Dios no se limita a cancelar el pecado; ofrece un corazón transformado. Y ese corazón renovado se manifiesta en acciones: David promete enseñar a los transgresores. Su fracaso se convierte en plataforma de ministerio. La herida se vuelve arma.

> *"Y sabemos que a los que aman a Dios, todas las cosas les ayudan a bien, esto es, a los que conforme a su propósito son llamados".*
>
> *(Romanos 8:28)*

Eso incluye nuestras propias meteduras de pata. Dios es tan soberano que no solo redime lo que otros nos hacen, sino también lo que hacemos voluntariamente. ¿Qué significa esto? Que tu peor error puede ser reciclado por Dios en una historia de gracia. Claro, no en el sentido de que lo aprueba, sino en el sentido de que puede sacar algo hermoso de lo feo. La genealogía de Jesús incluye a Betsabé, llamada "la mujer de Urías". El evangelista Mateo no la omite. ¿Por qué? Para mostrar que la línea mesiánica pasa por historias rotas. Eso me recuerda que mis quebrantos no me descalifican del plan de Dios; son oportunidades para que su gracia brille.

También debemos recordar que David fue perdonado, pero la espada no se apartó de su casa. Las consecuencias siguieron. Esto nos enseña que la gracia no suprime la responsabilidad. Hay matrimonios que no se restauran, ministerios que se detienen, oportunidades que se pierden definitivamente. **La gracia no es borrador; es redención.** Es como si Dios dijera: "Aunque lo que hiciste no tiene remedio humano, yo voy a escribir un capítulo nuevo encima". Ese capítulo nuevo no implica olvidar lo sucedido, sino reinterpretarlo. Las heridas cicatrizadas sirven para que otros no repitan la historia. Por eso podemos decir que nuestras heridas se convierten en nuestras armas. Pablo aceptó su "aguijón" porque sabía que a través de él se manifestaba el poder de Cristo.

Entonces, ¿por qué seguir adelante?

"Si confesamos nuestros pecados, él es fiel y justo para perdonar nuestros pecados, y limpiarnos de toda maldad".

(1 Juan 1:9)

"Por la misericordia de Jehová no hemos sido consumidos, porque nunca decayeron sus misericordias. Nuevas son cada mañana; grande es tu fidelidad".

(Lamentaciones 3:22-23)

Estas promesas nos dicen que cada día es una nueva oportunidad. La gracia escribe un final diferente. Eso no minimiza el daño, pero ofrece esperanza. La pregunta es si aceptaremos esa gracia o nos quedaremos lamentando.

REFLEXIONES GENERALES
SOBRE LA FRAGILIDAD HUMANA

Aunque no cuente aquí mi historia personal completa, sé lo que es luchar con pecados que no obedecen al cliché de "el diablo me obligó". Sé lo que es ser músico en una iglesia y, aun así, batallar con tentaciones secretas. Conozco el peso de los pecados voluntarios y cómo la vergüenza quiere convencerte de que ya no hay vuelta atrás. También sé que muchos viven procesos similares: personas que sirvieron durante años y, en un momento de debilidad, cayeron. Algunos salieron a la luz por confrontación, no por confesión. Eso genera dinámicas dolorosas: el ofensor se siente desenmascarado y el ofendido se siente traicionado. Al final, todos necesitan gracia.

Al leer sobre David, me animo porque su vida es compleja. No es un héroe perfecto ni un villano incorregible. Es un humano con virtudes y debilidades. Ese equilibrio me ayuda a aceptar mi humanidad. La Biblia no romantiza a los suyos; los presenta con todas sus contradicciones. Tampoco los cancela cuando fallan. Esto me enseña a ser misericordioso conmigo mismo y con otros. Al mismo tiempo, me recuerda que no puedo culpar al enemigo de cosas que brotan de mis deseos. La lucha espiritual es real, pero la responsabilidad personal también lo es. No puedo justificarme diciendo "fue una batalla"; en muchas ocasiones fue mi elección.

Si hoy estás en proceso, plantándote en una nueva iglesia, buscando comunidad, volviendo a dar tu diezmo después de un tiempo, déjame animarte: **es un paso de fe.** Puede que el pastor aún no te conozca por nombre, pero Dios sí. Cada acto de obediencia es semilla. Aun si tu historia pasada pesa, la gracia puede escribir capítulos de servicio y crecimiento. Este libro no tiene que contarlo todo ahora. Habrá tiempo y espacio para testimonios más personales cuando Dios así lo indique. Mientras tanto, podemos hablar de la verdad bíblica, de la fragilidad humana y de la fidelidad divina.

La vergüenza te quiere en silencio; la gracia te quiere de pie.

LA PREGUNTA QUE REDIME

Volvamos a la pregunta de Natán: "¿Por qué tuviste en poco la palabra de Dios?". Esa pregunta sigue resonando hoy. La tentación es culpar a las circunstancias o a fuerzas externas. Pero la honestidad exige reconocer que muchas veces despreciamos la palabra por elección. No queremos someter nuestros deseos a la voluntad divina. Preferimos lo inmediato a lo eterno. Aun así, la pregunta de Dios no busca condenar, sino redimir. Nos invita a ver la gravedad de nuestro pecado para apreciar la magnitud de su gracia. Nos recuerda que, aunque Dios perdona y restaura, los seres humanos conservamos cicatrices. Y nos llama a caminar con humildad, sabiendo que nuestras decisiones afectan a quienes amamos.

Hay confesiones que se hacen en público y otras que solo se susurran en la presencia de Dios. No toda herida necesita ser expuesta para ser sanada, pero cuando nuestras acciones han lastimado a alguien, la confesión se vuelve una puerta hacia la restauración. Callar puede parecer más fácil, pero el silencio prolonga el dolor. Hablar con humildad, reconocer la falta y pedir perdón abre espacio para que la gracia sane lo que el orgullo mantenía herido. A veces el perdón no llega de inmediato, pero Dios honra cada paso sincero hacia la verdad. La fe cristiana no es un espectáculo de confesiones, sino una invitación a mirar hacia adentro, dejar que el Espíritu Santo ilumine nuestras sombras y restaurar lo que se rompió con amor y paciencia. David no publicó su pecado en una plaza; lo confesó a Dios y luego escribió salmos que nacieron del quebranto. Hay un tiempo para hablar y un tiempo para guardar silencio, y ambos pueden ser actos de obediencia. Hoy, lo importante es entender que Dios pregunta para rescatar, que la vergüenza es una cadena, que la disciplina es amor, y que la gracia tiene la última palabra.

Así termina este capítulo: con una invitación a dejar que la palabra de Dios pese más que nuestras emociones, a asumir responsabilidad por nuestras debilidades y a abrazar la gracia que escribe nuevos finales. Que, como David, podamos decir: "Crea en mí, oh Dios, un corazón limpio", y que nuestro quebrantamiento no sea el epitafio, sino el prólogo de una historia de redención.

Porque al final, la gracia no solo perdona tu pasado: también te devuelve tu futuro.

ORACIÓN

Señor, hoy no me justifico ni me escondo.
Reconozco cuando he tenido en poco tu palabra
y cuando he preferido mi deseo a tu verdad.

Gracias porque tu gracia no me cancela, me corrige.
Gracias porque no desechas al que se vuelve a ti con corazón
sincero.

Enséñame a vivir con un corazón limpio,
a asumir responsabilidad con humildad
y a caminar en obediencia sin miedo a mi pasado.

Que tu palabra pese más que mi vergüenza
y que tu gracia escriba lo que yo no puedo reparar.

En el nombre de Jesús. Amén.

SECCIÓN III

LA VOZ EN LOS PROFETAS

DIOS CONFRONTANDO, RESTAURANDO Y REDIRIGIENDO DESTINOS

CAPÍTULO 7
¿QUÉ HACES AQUÍ?

EL RECHAZO QUE REDIRIGE

ELÍAS

ANTES DEL FUEGO:
EL HOMBRE QUE APARECIÓ DE REPENTE

El rechazo es un tema central en la historia de Elías y en nuestra vida. Dios usa el rechazo no para destruirnos, sino para redirigirnos. Esta historia nos enseña que, aun cuando se apaga el fuego, Dios sigue presente.

La historia de Elías comienza sin aviso, sin linaje, sin preparación visible. No hay introducción extensa ni un árbol genealógico, solo aparece en escena; como si el cielo lo hubiera enviado sin anuncio previo.

> *"Entonces Elías tisbita, que era de los moradores de Galaad, dijo a Acab: Vive Jehová Dios de Israel, en cuya presencia estoy, que no habrá lluvia ni rocío en estos años, sino por mi palabra".*

> *(1 Reyes 17:1)*

Así, sin advertencia, un hombre se atreve a detener la lluvia con una sola oración. Nadie lo conocía, pero todos supieron su nombre después de ese momento. Elías surge en tiempos del rey Acab y de su esposa, la reina Jezabel, dos figuras que habían corrompido la adoración en Israel, llenando la nación de ídolos y profetas falsos.

El pueblo ya no sabía quién era Dios, y Dios levanta a un profeta cuyo nombre significa "Mi Dios es Jehová". El mensaje estaba escondido en su identidad. Cada vez que lo llamaban por su nombre, era como si el cielo les recordara: "Jehová sigue siendo Dios".

Desde el primer día, Elías aprendió que obedecer a Dios no siempre es cómodo. Cuando trajo la palabra de juicio, tuvo que esconderse junto al arroyo de Querit. Allí fue alimentado por cuervos: criaturas impuras, pero obedientes. Y cuando el arroyo se secó, Dios lo envió a una viuda en Sarepta, una extranjera con una despensa vacía.

"Y Jehová oyó la voz de Elías, y el alma del niño volvió a él, y revivió".

(1 Reyes 17:22)

Elías vio cómo el aceite y la harina no se acababan, y cómo la vida volvía al cuerpo de un niño muerto. Fue testigo del poder de Dios en lo oculto, antes de verlo en lo público. Dios siempre forma a sus profetas lejos de los aplausos. Antes del fuego del Carmelo, hay un arroyo silencioso donde se aprende a depender. Antes de ser voz pública, hay que ser oído privado.

Su historia nos enseña que los llamados más fuertes nacen en lugares pequeños. Elías no fue reclutado por un templo ni por un rey, fue levantado por una necesidad divina. Y fue precisamente ese hombre de desierto, ese solitario de Galaad, el que Dios usó para volver a encender la fe de una nación.

CUANDO EL FUEGO SE APAGA

Elías había visto lo que pocos ojos han visto: fuego cayendo del cielo, un altar encendido sin chispa humana, el pueblo gritando: "¡Jehová es el Dios! ¡Jehová es el Dios!". En ese momento, el profeta no era simplemente un siervo, era una llama humana. Dios había respaldado su oración con poder, había demostrado quién reinaba sobre Israel, y Elías fue el instrumento. Era el tipo de victoria que cualquiera envidiaría, el momento donde uno pensaría: "Después de esto, todo será gloria".

Pero justo después del fuego... vino el silencio. Y en ese silencio, el profeta que había enfrentado a cientos de falsos profetas comenzó a huir de una sola mujer:

> *"Y viendo, pues, el peligro, se levantó y se fue para salvar su vida, y vino a Beerseba, que está en Judá, y dejó allí a su criado. Y él se fue por el desierto un día de camino, y vino y se sentó debajo de un enebro; y deseando morirse, dijo: Basta ya, ohJehová, quítame la vida; porque no soy yo mejor que mis padres".*

> *(1 Reyes 19:3–4)*

El hombre que llamó fuego del cielo ahora solo quería dormir bajo un árbol. El mismo que desafió a los dioses falsos, ahora pedía morir. Y ahí descubrimos una verdad que a veces nos cuesta aceptar: después del fuego, también hay cansancio; después del éxito, también hay soledad; después del ruido, también llega el silencio y no todos saben qué hacer con él.

EL PROFETA QUE QUISO APAGAR SU LLAMADO

Elías no dudó del poder de Dios, pero sí dudó de su lugar en la historia. Había hecho todo bien, pero nada parecía cambiar. El pueblo seguía dividido. La reina seguía en su trono. Y el miedo —esa emoción que él había vencido tantas veces— esta vez lo alcanzó. Hay una diferencia entre estar cansado y estar vacío. El cansancio se alivia durmiendo, pero el vacío, ese se cura escuchando la voz correcta.

Dios no interrumpió su descanso. No lo reprendió por huir. Le permitió dormir y lo alimentó con pan y agua. Un ángel lo tocó dos veces y le dijo:

"Levántate y come, porque largo camino te resta".

(1 Reyes 19:7)

Ahí no hubo sermón, ni reproche, ni condena. Solo pan, descanso y paciencia divina. Porque antes de restaurar a un siervo, Dios repara su cuerpo y su alma. Dios no lo reprendió por huir, lo alimentó para volver. Porque hay huidas que son parte del proceso, no del fracaso.

CUANDO EL RECHAZO SE SIENTE COMO FRACASO

Elías no solo huyó por miedo. Huyó porque se sintió rechazado. No por Dios, sino por la gente que debía haber cambiado y no cambió. Nada duele más que darlo todo por otros y verlos igual. Nada hiere más al corazón de un siervo que la sensación de que su esfuerzo fue inútil.

"He sentido un vivo celo por Jehová Dios de los ejércitos; porque los hijos de Israel han dejado tu pacto, han derribado tus altares, y han matado a espada a tus profetas; y sólo yo he quedado, y me buscan para quitarme la vida".

(1 Reyes 19:10)

No eran simples palabras... eran una confesión emocional. Elías no estaba mintiendo, estaba agotado de tener razón en un mundo que no quería escuchar. Cuántas veces el rechazo no viene de enemigos, sino de los que uno más ama. Cuántas veces el dolor no está en la ofensa, sino en la indiferencia. Elías había obedecido, pero se sintió solo, fuera de lugar y olvidado.

Y cuando el alma se siente rechazada, la mente comienza a crear sus propias cuevas.

El rechazo te habla al oído y te convence de que tu historia terminó.

LO QUE LA CIENCIA CONFIRMA

Hoy, la ciencia ha comenzado a poner palabras a realidades que la Biblia ya mostraba desde hace siglos. Desde la neurociencia se ha observado que el rechazo social no es solo una experiencia emocional, sino también corporal: el cerebro procesa el rechazo de una manera muy similar al dolor físico. En otras palabras, el rechazo duele de verdad. No es exageración ni debilidad; es una respuesta biológica real del ser humano.

Por eso, cuando el rechazo es prolongado, su impacto no se queda en los sentimientos. Termina reflejándose en el cuerpo: cansancio persistente, ansiedad, irritabilidad, aislamiento o silencio. Y entre muchos hombres, formados en una cultura que les enseñó a "aguantar" y no mostrar vulnerabilidad, ese dolor suele camuflarse detrás de frases simples pero profundas:

"Estoy bien."
"No pasa nada."
"Solo necesito tiempo."

Pero Dios no ignora ese dolor. Elías también llegó a decir: "Basta ya", y Dios no lo acusó de falta de fe ni lo confrontó con dureza. Lo atendió. Le dio descanso, alimento y presencia.

La Escritura dice que un ángel lo tocó y le dijo:

"Levántate y come". (1 Reyes 19:5)

Luego comió, bebió y volvió a acostarse, y con la fuerza de aquel alimento caminó cuarenta días *(1 Reyes 19:6–8)*. Dios trató su agotamiento emocional como lo que era: una herida interna. El dolor del rechazo no asusta a Dios; le abre la puerta para reencontrarse contigo desde un lugar más profundo.

CUANDO DIOS TE BUSCA EN LA CUEVA

Elías caminó cuarenta días y cuarenta noches hasta Horeb, el monte de Dios. No corría por miedo ya… corría porque no sabía a dónde más ir. Y cuando llegó, se metió en una cueva. Allí, en medio de su aislamiento, Dios no lo olvidó:

"¿Qué haces aquí, Elías?" (1 Reyes 19:9)

No era una pregunta geográfica. Era una pregunta del alma. No era: "¿Dónde estás?", sino: "¿Por qué estás donde yo no te llamé a estar?". Elías pensó que Dios lo había dejado, pero fue Dios quien lo buscó. Porque, aunque él había renunciado al llamado, el llamado no había renunciado a él.

Y ahí comienza la parte más hermosa del proceso: Dios no lo regresa al Carmelo, sino que lo lleva a un encuentro más íntimo. Ya no hay fuego cayendo, ni multitudes gritando, ni enemigos persiguiendo. Solo silencio. Y en ese silencio, Dios le enseña algo que todo llamado necesita aprender:

"Tras el fuego, un silbo apacible". (1 Reyes 19:12)

El poder que antes vino con fuego ahora llega con calma. Elías esperaba ruido, pero Dios eligió susurrar.

Cuando Dios baja el volumen, es porque quiere hablarte más cerca.

SABERLO Y NO HACERLO

El rechazo no asusta a Dios; le da la oportunidad de reencontrarte. A veces el mayor peso no viene de lo que ignoramos, sino de lo que sabemos y no hacemos. Elías conocía la voz de Dios. La había escuchado tantas veces que podía distinguirla entre el viento y el fuego.

Pero aun sabiendo, corrió. Porque no siempre huimos por falta de fe, sino por exceso de cansancio. "Saberlo y no hacerlo" es el punto donde el conocimiento no se convierte en obediencia, donde el espíritu quiere avanzar, pero el cuerpo se sienta bajo el enebro. Y ese punto, lo he visto de cerca.

CUANDO EL RECHAZO VIENE DE UNO MISMO

Hay un tipo de rechazo que no viene de afuera, sino de adentro. No tiene rostro ni nombre, pero te acompaña cada mañana cuando despiertas y te pregunta: "¿Y si no fue Dios quien te habló?" Es esa voz interna que te hace dudar de lo que antes estabas seguro. Esa que te susurra: "Vas muy rápido". "Tal vez deberías esperar". ¿Qué dirán otros? ¿Se van a reír de ti? ¿Y si lo que Dios te dijo… no era Dios?

He descubierto que el peor rechazo no siempre viene del público, sino del espejo. Porque hay momentos donde no temo que otros me cierren puertas, temo cerrármelas yo mismo. Dios me dio un llamado claro: escribir, hablar, dejar un mensaje. Pero muchas veces, antes de escribir la primera línea, ya estoy peleando una batalla invisible. Dudo si el mensaje es correcto, si el momento es adecuado, si la gente lo recibirá. Y en ese diálogo interno, comienzo a rechazar lo que Dios ya había afirmado. Me pregunto: "¿Seré yo el que se adelantó?" o "¿Habrá sido Dios?". Lo que un día era certeza, al día siguiente se convierte en duda.

Es un ciclo que duele. Porque una parte mía cree y otra parte se esconde. Una parte se arrodilla agradecida, y otra se arrodilla pidiendo perdón por dudar. Cada mañana comienzo el día con esa oración doble: "Señor, perdóname si esto no es lo que tienes para mí" y, al mismo tiempo, "Perdóname porque esto sí es lo que tienes para mí y yo lo he rechazado por miedo". Vivo entre la esperanza y el temor, entre la seguridad y la indecisión. Y sé que no es saludable, pero así es la lucha del autorechazo.

Solo en la oración encuentro paz. Cuando cierro mis ojos y hablo con Dios, su Espíritu me redirige y, con paciencia, me recuerda lo que puso en mí. Creo que muchas de las cosas que Dios me habló en mi juventud se detuvieron por malas decisiones, distracciones o por ese mismo "¿fuiste tú, Dios?". Me he frenado por miedo a que me rechacen por ser quien trae la palabra. Pero a pesar de mis dudas, Dios no se ha rendido conmigo. Él sigue confirmando su llamado, aunque yo lo haya cuestionado mil veces.

Él no se cansa de afirmarme cuando yo me canso de creer.

DIOS PUEDE SACARTE DE ESTO

A veces oramos: "Señor, si me sacas de esto, nunca más volveré a hacerlo". Y minutos después se nos olvida la promesa. Porque la liberación no siempre es dramática. A veces no viene con gritos, ni lágrimas, ni fuego del cielo. A veces solo es levantarte un día más, aunque sientas que fallaste ayer.

Yo mismo he estado ahí. Hubo momentos donde pensé que ya había superado algo —que Dios me había sacado completamente de cierta lucha— y, de pronto, me descubrí otra vez caminando cerca de aquello que creía superado. Eso me desanimaba. Pensaba: "Señor, ¿cómo es posible que siga batallando con esto si tú ya me habías sacado de ahí?". Y Dios me enseñó que no todo retroceso es derrota; a veces solo es una forma de recordarte de dónde te sacó. La libertad no siempre se ve como una puerta abierta; a veces se ve como una mente renovada. Todos tenemos lugares de los que dijimos: "Ya salí de eso", pero en algún momento deseamos volver. Y, sin embargo, la gracia de Dios no se agota en los regresos, porque aun cuando el hombre vuelve, Dios sigue esperándote con propósito.

REDIRECCIÓN DEL PROPÓSITO

La historia de Elías no termina en la cueva; termina en el camino. *"Y le dijo Jehová: Ve, vuélvete por tu camino..."* (*1 Reyes 19:15*). Dios lo levantó, le recordó su misión y lo envió de regreso con una nueva asignación. Elías pensaba que su historia había acabado, pero Dios todavía tenía nombres que pronunciar, reyes que ungir y generaciones que despertar. Y es que el propósito de Dios no se cancela por el cansancio, solo se redirige por compasión.

Si Elías se hubiera quedado en la cueva, su sucesor Eliseo nunca habría recibido la unción. El día que encontró a Eliseo arando con doce yuntas de bueyes, Elías arrojó su manto sobre él *(1 Reyes 19:19)*. Ese gesto sencillo inició una cadena de milagros en la siguiente generación. Eliseo, que recibió el manto, dobló los milagros de su maestro. Si Elías hubiera cedido al rechazo y al cansancio, Eliseo no habría sido llamado, el aceite no se habría multiplicado en la casa de la viuda, el hacha no habría flotado en el agua y Naaman no habría sido sanado de lepra. La fidelidad de Elías abrió camino para que otro caminara más lejos. Dios no solo piensa en tu historia; piensa en los que vendrán detrás de ti. Si te detienes, ¿qué impacto tendrá en ellos?

A veces el fuego no te destruye, te depura. Y entendí algo: Dios no solo forma profetas en el Carmelo; también forma corazones en las cuevas. Muchos pensamos que la meta es volver a sentir lo que antes sentíamos, pero Dios no quiere llevarte atrás, quiere llevarte más profundo. Él no busca que repitas tu momento de fuego, sino que aprendas a caminar incluso cuando no hay fuego.

Porque si aprendiste a obedecer en el fuego y a escuchar en el silencio, estás listo para seguir caminando sin depender de las emociones.

Reiniciando desde la cueva

Hay momentos en que el alma necesita un reinicio. No porque Dios haya cambiado de plan, sino porque nosotros nos hemos llenado de ventanas abiertas: pensamientos, temores, voces externas y dudas internas. Como una computadora que lleva horas encendida, procesando demasiadas tareas a la vez, el corazón empieza a sobrecalentarse.

Eso fue lo que le pasó a Elías. No perdió la fe; perdió estabilidad. Su mente se saturó de imágenes, amenazas, cansancio y culpa. Dios no lo reemplazó: lo reinició.

Cuando el ángel le dijo «levántate y come», fue como presionar Reiniciar. No era un nuevo profeta; era el mismo, pero restaurado. Elías no necesitaba una misión nueva; necesitaba volver a funcionar.

A veces creemos que necesitamos un nuevo llamado, cuando lo que realmente necesitamos es que el Espíritu Santo cierre las aplicaciones que están drenando nuestra fe. Temores abiertos en segundo plano, comparaciones que consumen energía, recuerdos que siguen ocupando memoria emocional, todo eso frena el alma.

Y Dios, con paciencia, hace lo que haría un técnico amoroso: no borra tu disco; te reinicia con lo que aún sirve. El mismo fuego, la misma palabra, pero ahora con un corazón actualizado.

Cuando Elías salió de la cueva, no era un hombre distinto: era un hombre restaurado. Y cuando tú salgas de la tuya, no serás un extraño, sino la mejor versión de ti mismo. La versión que recuerda que su poder no está en la velocidad, sino en la obediencia.

LIBERACIÓN: NO SIEMPRE DRAMÁTICA

En muchas congregaciones se habla de liberación como un acto instantáneo, algo que sucede en un altar con gritos y lágrimas. Y aunque eso puede ocurrir, no es la única manera en que Dios libera. A veces la liberación es un proceso silencioso, casi imperceptible, como el amanecer. Empieza con un pensamiento nuevo, una decisión diaria, una cadena que se afloja poco a poco.

He orado esas oraciones: "Si me sacas de esto, jamás volveré a caer". Y, sin embargo, a los minutos estaba igual. Dios no se rinde; tampoco se burla de nosotros. Entiende que nuestra carne es débil. La liberación a veces es una caminata; otras, una carrera. Pero lo importante es que Él camina a nuestro lado. Cada pequeño paso, cada victoria sobre un impulso, es una celebración en el cielo.

HERRAMIENTAS PARA ABRAZAR EL RECHAZO

- **Llevarlo a Dios en oración.** No hay sentimiento demasiado pequeño para su atención. Cuéntale cómo te duele, cómo te frustró y cómo te hizo dudar de ti mismo. La honestidad es la puerta de la sanidad.

- **Buscar comunidad.** Elías pensó que estaba solo, pero Dios le dijo que había siete mil que no habían doblado rodilla ante Baal. En el cuerpo de Cristo siempre hay alguien que entiende tu proceso. No caminamos solos.

- **Servir a otros.** Nada sana tanto como enfocar nuestra energía en bendecir a otros. Cuando ayudas, consuelas y sirves, tu perspectiva cambia. Descubres que tu vida tiene propósito, incluso cuando otros te han rechazado. Tu servicio a otros puede ser la respuesta de Dios a tu propia herida.

EJERCICIOS DE REFLEXIÓN

- Toma unos minutos para pensar en las veces que has sido rechazado. ¿Qué te enseñó esa experiencia? ¿Cómo te moldeó? Escríbelo. Releer tu historia te ayudará a ver la mano de Dios en cada capítulo.

- Piensa en un área en la que has jurado que nunca más fallarías, pero aún lo haces. Anota una acción pequeña que puedas tomar hoy. Recuerda que el cambio ocurre paso a paso.

- Finalmente, reflexiona sobre la historia de Elías. ¿En qué momentos te identificaste? ¿Dónde reconoces a Dios buscándote en tu cueva? Permite que su voz suave te redirija.

¿QUÉ HACES AQUÍ?

Como te mencioné al inicio, cuando Dios le preguntó a Elías: "¿Qué haces aquí?", no era una pregunta geográfica. Era una pregunta del alma. No le estaba diciendo "¿Dónde estás?", sino "¿Por qué te detuviste?" Esa pregunta resuena hoy igual.

¿Qué haces aquí?

¿Cuántas veces has pedido a Dios que te use y, al primer rechazo, te detuviste?

¿Cuántas veces, después de clamar por propósito, dejaste de actuar al escuchar un "no"?

¿Cuántas veces has enterrado lo que Dios te dio porque alguien no lo valoró o porque tú mismo lo menospreciaste?

No se trata de ir en contra de la dirección de tu líder o de tu familia, sino de no apagar lo que Dios encendió por miedo a la opinión de otros o por la voz interna que dice: "Tal vez no era Dios". Busca la guía del Espíritu Santo, pero no uses la duda como excusa para quedarte en la cueva.

Piensa en momentos concretos de tu vida en los que Dios te ha hecho esta pregunta. Tal vez fue cuando compartiste un sueño y alguien se burló. Tal vez fue cuando publicaste un mensaje y nadie reaccionó. Tal vez fue cuando presentaste una idea y te rechazaron. En esos momentos, Dios te susurra: "¿Qué haces aquí? ¿Por qué detuviste el paso?". La pregunta no viene para condenarte, sino para invitarte a seguir.

Y entendí que la gracia no es solo la que te perdona, sino también la que te levanta. Dios no te busca para juzgarte, sino para recordarte quién eres. Muchas veces oramos: «Dios, úsame; estoy dispuesto a todo, a hacer tu voluntad», y al primer rechazo pausamos. Es tiempo de ejercer y actuar sin importar lo que digan, aun cuando el rechazo venga de adentro o de un líder. No se trata de ignorar la autoridad: se trata de obedecer al Espíritu de Dios. No autosabotees el llamado ni el mensaje que Él te dio. Tu historia no termina en la cueva. El rechazo no es el final; es el inicio de un nuevo capítulo. Levántate, come y sigue adelante: largo camino te resta.

"Y he aquí vino a él palabra de Jehová, el cual le dijo: ¿Qué haces aquí, Elías?".

(1 Reyes 19:9)

ORACIÓN

Señor, hoy traigo delante de ti todo lo que he cargado en silencio:
las palabras que me hirieron, los "no" que me apagaron,
las puertas que se cerraron cuando pensé que se abrirían, y las
cuevas donde me escondí creyendo que era el final.

Tú conoces cada rincón donde mi alma dijo: "Basta ya".
Conoces mis temores, mis dudas, y ese cansancio profundo que
no se quita durmiendo, sino escuchando tu voz.

Hoy escucho tu pregunta:
"¿Qué haces aquí?".
No como juicio, sino como llamado.
No como reproche, sino como invitación.
Esa pregunta revela que nunca me dejaste solo,
que, aunque yo me escondí, tú viniste a buscarme.

Señor, sana en mí el peso del rechazo.
Arranca las mentiras que me dije a mí mismo,
las dudas que levanté como muros,
y la voz interna que me hizo creer que no era suficiente.
Cierra las heridas invisibles que me detuvieron,
y restaura la confianza que el miedo me robó.

Permíteme escuchar tu silbo apacible.
Háblame en el silencio, cuando ya no queda fuego,
cuando no hay aplausos, cuando todo parece quieto.
Enséñame a reconocerte ahí también,
donde nadie me ve, donde solo tú me encuentras.

Redirígeme, Señor.
Reinicia mi corazón.
Restaura mis fuerzas.
Devuélveme la visión que se nubló en la cueva,
y renueva el llamado que yo mismo quise apagar.

Hoy decido levantarme, aunque sea lentamente.
Tomo el pan y el agua que tú me das.
Pongo mis pies en el camino otra vez,
no porque soy fuerte,
sino porque tú vienes conmigo
y porque largo camino me resta.

En el nombre de Jesús. Amén.

SECCIÓN IV

JESÚS Y LOS QUE ESCUCHAN SU VOZ

ENCUENTROS QUE TRANSFORMAN, SANAN, LEVANTAN Y CORRIGEN

CAPÍTULO 8
¿QUIÉN ME TOCÓ?

NO SOY QUIEN PENSÉ SER. CUANDO JESÚS REDEFINE TU IDENTIDAD

MUJER DEL FLUJO DE SANGRE

EL DÍA QUE LA PREGUNTA ME ENCONTRÓ

A veces uno escribe sin saber que, entre línea y línea, Dios le está tocando el alma. Este capítulo me encontró así: con el corazón abierto, con recuerdos que duelen, con heridas que pensé que ya no sangraban.

Mientras lo escribía, sentí que no era yo quien perseguía la historia, sino la historia la que venía a buscarme a mí.

Y pensé:

¿Cuántas veces me he acercado a Jesús igual que esta mujer? Callado, tímido, roto, sin querer molestar, pero necesitando desesperadamente un toque.

Tal vez por eso lloré al releerlo. Porque entendí que esta pregunta—"¿Quién me tocó?"—no solo fue para ella.

También fue para mí.

Y quizá... también sea para ti.

LA PREGUNTA QUE DETIENE AL QUE NUNCA SE DETIENE

Hay preguntas que suenan como regaño, y otras que suenan como abrazo. "¿Quién me tocó?" es de las dos.

La escena es un caos santo. Jesús va caminando rumbo a la casa de Jairo, un hombre importante, con un problema urgente: su hija se muere. No es una consulta de rutina, no es una visita pastoral con café y galletitas.

Es una carrera contra el tiempo. La multitud lo aprieta, todos lo empujan, todos lo jalan, todos quieren algo. Jesús parece no detenerse; hasta que se detiene.

En medio del empujón, del sudor, del grito de la gente, el

Maestro frena en seco y lanza una pregunta que nadie entiende: "¿Quién me tocó?".

Los discípulos lo miran como quien mira al pastor cuando hace una pregunta rara en medio del culto:

"Señor… todos te tocan. ¿Qué clase de pregunta es esa?".

Pero Jesús sabe la diferencia. Una cosa es rozarlo por accidente; otra es tocarlo con intención. Una cosa es estar cerca de Él por costumbre; otra es estirarse hacia Él por desesperación. Una cosa es ser parte de la multitud; otra cosa es responder al llamado.

Este capítulo no es solamente sobre una mujer enferma. Es sobre un llamado escondido dentro de una crisis. Es sobre la voz de Jesús preguntando en medio del ruido: "¿Quién me tocó?" y esperando que alguien, entre la culpa, la vergüenza y el cansancio, se atreva a decir: "Fui yo, Señor".

Porque el llamado de Dios muchas veces comienza así: con un toque tímido y una pregunta que te obliga a salir del anonimato.

DOS HISTORIAS, UN MISMO RELOJ

Marcos 5 nos presenta dos historias que corren en paralelo, como dos relojes marcando la misma hora con agujas diferentes. Por un lado, Jairo, líder de la sinagoga, nombre importante, posición respetada, hija enferma, problema público. Por el otro, una mujer sin nombre, sin título, sin posición, con un problema también público, pero escondido.

Doce años de enfermedad para ella.
Doce años de vida para la hija de Jairo.

Mientras una vida crecía, otra se apagaba. Mientras una niña aprendía a caminar, una mujer aprendía a esconderse. Mientras en una casa se celebraban cumpleaños, en otra se contaban años de vergüenza.

Dios es experto en sincronizar historias que nosotros creemos que no tienen nada que ver. Lo que para nosotros es casualidad, para Él es coreografía. Un líder respetado y una mujer marginada, un padre angustiado y una hija olvidada... todos terminan encontrándose en el mismo camino, con el mismo Jesús, bajo la misma pregunta: "¿Quién me tocó?".

Y aquí se asoma ya el tema de este libro: el llamado.

Porque Jairo sabía cuál era su cargo, pero esa tarde descubrió cuál era su verdadera posición: padre desesperado a los pies de Jesús. La mujer sabía cuál era su problema, pero esa tarde descubrió su verdadera identidad: hija amada, llamada por su nombre.

El llamado de Dios tiene esa costumbre: te tumba del pedestal y te levanta del piso. A uno lo baja, a la otra la sube, para ponerlos a los dos a la misma altura: a los pies del Maestro.

LA MUJER SIN NOMBRE Y EL APODO MÁS CRUEL

Los evangelios no nos dicen su nombre. No sabemos si se llamaba Raquel, María, Débora, Carmen o Luisa. En el cielo lo sabremos; aquí solo sabemos su apodo: "la mujer del flujo de sangre", "la mujer con el *issue* de sangre".

Qué cruel es cuando tu identidad se pega para siempre a tu problema.

No la recuerdan por sus sueños, ni por su carácter, ni por su sonrisa de niña, ni por la canción que le gustaba de pequeña.

La recuerdan por su hemorragia.

En nuestras iglesias y familias también usamos apodos disfrazados de "descripción":

- "El del mal carácter"

- "La del divorcio"

- "El hijo del pastor que cayó"

- "La que se apartó"

- "El drogadicto"

- "La de los hijos problemáticos"

Y poco a poco, si no tenemos cuidado, empezamos a creer que somos nuestro apodo. No decimos "tengo una lucha"; decimos "soy así". No decimos "estoy pasando por esto"; decimos "esto soy yo".

La mujer del flujo de sangre era mucho más que su enfermedad, pero doce años son suficientes para convencerte de que tu dolor es tu definición. Doce años son suficientes para que la gente deje de llamarte por tu nombre y empiece a llamarte por tu herida.

Escucha algo desde ahora:
Tu llamado no comienza con tu apodo; comienza con la voz de Jesús rompiendo ese apodo.

SANGRAR POR DENTRO: CUANDO NADIE VE POR DÓNDE TE MUERES

Lo que hacía su situación todavía más dolorosa es que su sangrado era interno. No era una herida visible en la frente, ni un brazo enyesado, ni una pierna cojeando. Era una hemorragia en lo más íntimo de su cuerpo, en un lugar que nadie ve, que nadie comenta, que nadie quiere mencionar.

Si hubiese llegado sangrando por la nariz, alguien le acercaba un pañuelo.

Si hubiese tenido una herida en la frente, alguien la habría llevado al médico.

Pero ella sangraba en lo secreto.

Y así estamos muchos hoy. No hay yeso en el alma, no hay vendaje en el corazón, no hay muletas emocionales que otros puedan notar fácilmente. Son sangrados que se esconden detrás de una sonrisa en la iglesia, de un "estoy bien, en victoria" bien ensayado.

Sangras por dentro cuando:

- Tienes éxito profesional, pero no tienes paz ni en tu cama ni en tu almohada.

- Sirves en la iglesia, pero llegas a casa y te sientes vacío, usado, sin fuerzas.

- Publicas fotos felices en redes, pero no quieres hablar con nadie fuera de la pantalla.

Eres el chistoso del grupo, pero en la noche eres el más solo de todos.

La gente ve tus publicaciones, tu ropa, tu carro, tu

ministerio, pero no ve donde sangras. No ve el área de tu vida donde te sientes menos, sucio, indigno, agotado.

La mujer del flujo de sangre nos representa a todos los que estamos "funcionando" por fuera, pero perdiendo vida por dentro.

Y aquí está el detalle: el llamado de Dios no ignora esos sangrados. Dios no llama solo a los fuertes; llama a los que ya no tienen sangre que perder. No llama solo a los que están "completos"; llama a los que se sienten vacíos, usados, gastados.

DOCTORES, REMEDIOS Y SOLUCIONES QUE EMPEORAN TODO

Marcos dice que ella "había sufrido mucho de muchos médicos, y gastado todo lo que tenía, y nada había aprovechado, antes le iba peor". No solo estaba enferma; también estaba endeudada, cansada, decepcionada.

Probó con todo:

- El remedio de moda del momento

- El consejo de la vecina

- El médico recomendado en el grupo de *WhatsApp*

- El "cura todo" del anuncio

Nada funcionó. Más bien, se puso peor.

Nos pasa igual. Para tapar el sangrado interior probamos de todo: trabajo en exceso, distracciones, relaciones tóxicas, entretenimiento sin fin, comida, compras, ministerio sin descanso y por ratitos parece que funciona, pero al final quedamos más vacíos.

Lo más doloroso es cuando también probamos "métodos espirituales" solo por costumbre: vamos al culto sin corazón, servimos en la iglesia sin comunión, repetimos versículos sin fe, todo intentando calmar la hemorragia del alma con tiritas religiosas.

Hasta que, como esta mujer, nos damos cuenta de que estamos gastando todo y, en vez de mejorar, empeoramos.

Tal vez tú estás ahí. Te sientes llamado por Dios, pero no te sientes entero para responder. Sientes que Dios te quiere usar, pero tú solo piensas: "Señor, estoy sangrando demasiado como para hablar de llamado".

Y, sin embargo, es justamente ahí donde el llamado comienza a tomar forma.

EL PROCESO OCULTO DEL MILAGRO: OYÓ, VINO, PENSÓ, TOCÓ

La Biblia nos regala cuatro verbos que son un mapa espiritual del llamado:

> *"Cuando oyó hablar de Jesús, vino por detrás entre la multitud, y tocó su manto. Porque decía: Si tocare tan solamente su manto, seré salva".*

> *(Marcos 5:27-28)*

1. Oyó.

2. Vino.

3. Pensó (decía en sí misma).

4. Tocó.

A veces predicamos el toque, pero nos olvidamos de todo lo que pasó antes.

Primero, **oyó.** Alguien le habló de Jesús. No sabemos quién. Puede haber sido una vecina, un familiar, un vendedor ambulante. Alguien le dijo: "Ese Rabí sana. Ese Rabí no rechaza. Ese Rabí toca a los impuros".

Así comienza casi todo llamado: con alguien que te habla de Jesús de una forma que te despierta algo adentro. No es solo información; es invitación. No es solo un dato bíblico; es una semilla de fe.

Luego, **vino.** No bastó con escuchar la historia. Podía haber dicho: "Qué lindo lo que Dios hace con otros" y quedarse en casa. Pero se levantó, se vistió, se cubrió como pudo, y se metió entre la multitud.

El llamado siempre te saca de la comodidad. Te hace levantarte de tu lugar de costumbre espiritual. Te lleva a cruzar espacios donde no te sientes digno. Te empuja a caminar hacia donde no sabes si serás bien recibido.

Después, **pensó.** "Decía en sí misma...". Ese monólogo interno, esa conversación dentro de la mente, es muchas veces el verdadero campo de batalla del llamado. Por un lado, la voz que dice: "¿Para qué vas? No va a cambiar nada. No eres digna. No eres suficiente". Por el otro, una voz nueva, chiquita pero persistente: "Si tan solo lo toco... algo puede pasar".

El llamado de Dios siempre pelea primero en tus pensamientos antes de manifestarse en tus acciones. Por eso el enemigo ataca tu mente: te quiere convencer de que no tiene sentido intentarlo, de que ya es tarde, de que ya probaste demasiado, de que Dios se olvidó de ti.

Y finalmente, **tocó**. Ese toque no fue elegante ni litúrgico. No tuvo forma de oración perfecta. No tuvo el protocolo de un culto bien estructurado. Fue un manotazo de fe, un "permiso, por favor", un empujón tímido entre los codazos de la multitud: "Déjenme pasar, aunque sea agachadita, aunque sea de rodillas, aunque solo alcance el borde de su manto".

Si quieres responder al llamado de Dios, el orden no cambia: Oyes. Vienes. Piensas diferente. Te atreves a tocar.

No esperes a sentirte perfecto para tocarlo. No esperes a dejar de sangrar para acercarte. Es el toque de fe el que detiene la hemorragia, no al revés.

EL MILAGRO EN EL CUERPO Y EL MILAGRO EN EL CAMINO

"Y en seguida la fuente de su sangre se secó; y sintió en el cuerpo que estaba sana de aquel azote".

(Marcos 5:29)

En un instante, doce años de sangrado se detienen. Doce años de vergüenza, de olor, de incomodidad, de ropa manchada, de rituales de purificación, se terminan con un toque.

Mientras tanto, Jesús iba rumbo a la casa de Jairo. Desde la perspectiva de Jairo, esta mujer es un estorbo, una interrupción, una demora peligrosa. Desde la perspectiva de Jesús, es una cita divina, parte del plan, una parada obligatoria.

Aquí hay algo importantísimo para el llamado: muchos de los

milagros que marcan tu vida no estarán donde tú pensabas que Dios iba a hacer "lo grande", sino en medio del camino hacia otra cosa que parecía más importante.

Tal vez tú querías que Dios hiciera un gran milagro en tu ministerio, y Él decide comenzar haciéndolo en tu sala, en tu cocina, en tu trabajo. Tal vez tú pensabas que tu llamado se vería desde un púlpito, y Dios decide comenzar en ese día oscuro en el que simplemente te atreviste a decir: "Señor, ayúdame", y tocaste su manto entre lágrimas.

Jesús no se molesta por la interrupción. Nosotros sí. Nosotros miramos el reloj, nos quejamos del retraso, nos enojamos con el tráfico. Él ve personas. Él ve hijas. Él ve hijos.

Él ve llamados escondidos en la multitud.

"¿QUIÉN ME TOCÓ?" – LA PREGUNTA QUE REVELA, NO QUE INVESTIGA

"Luego Jesús, conociendo en sí mismo el poder que había salido de él, volvióse a la multitud, y dijo: ¿Quién ha tocado mis vestidos?"

(Marcos 5:30)

Jesús sabía que había salido poder. No estaba confundido. No perdió la cuenta. No se le agotó la batería del Espíritu Santo. Él no pregunta porque le falte información; pregunta porque quiere darle identidad a alguien.

El llamado siempre viene acompañado de preguntas de Dios que parecen ilógicas:

- "Adán, ¿dónde estás?". (como si no supiera)
- "Elías, ¿qué haces aquí?".
- "Moisés, ¿qué tienes en tu mano?".
- "Gedeón, ¿no te envío yo?".
- "¿Por qué estás así, Jonás?".
- "¿Por qué dudaste, Pedro?".
- Y aquí: "¿Quién me tocó?".

Dios no hace preguntas para informarse; las hace para transformarnos. No te pregunta dónde estás para ubicarse Él, sino para ubicarte a ti.

No pregunta "¿Quién me tocó?" para averiguar, sino para dar la oportunidad de confesar, de salir a la luz, de dejar de esconderte.

La mujer podría haberse quedado callada. Podría haberse escurrido entre la gente, feliz con su milagro físico, pero sin enfrentar su vergüenza. Había tocado a Jesús en secreto y ahora Jesús la invita a confesarlo en público.

Aquí se mezcla el temor con el llamado. Porque responder al llamado de Dios casi siempre implica esto: dejar de esconder las áreas donde has sido sanado. Dejar de fingir que nunca estuviste roto. Dejar de jugar a la iglesia perfecta para atreverte a decir: "Yo sangré ahí, yo fallé ahí, yo sufrí ahí y ahí me tocó Jesús".

"¿Quién me tocó?", es una pregunta de llamado.

Es Jesús diciendo: "No solo quiero cambiar tu condición; quiero cambiar tu relato. No solo quiero detener tu sangrado; quiero usar tu historia".

LA VERGÜENZA QUE TIEMBLA...
Y LA VERDAD QUE LIBERA

"Entonces la mujer, temiendo y temblando, sabiendo lo que en ella había sido hecho, vino y se postró delante de él, y le dijo toda la verdad".

(Marcos 5:33)

Me encanta esa frase: "toda la verdad". No le dio un testimonio editado para redes. No le dio una versión cortita "para no dar mala impresión". No maquilló su historia para que sonara menos fea. Le dijo todo.

Podemos imaginarnos el cuadro: la multitud mirando, Jairo mirando el reloj, los discípulos confundidos, y ella llorando, temblando, contando:

- "Hace doce años que estoy así...".

- "He gastado todo lo que tenía...".

- "Me siento sucia, rechazada, impotente...".

- "Hoy vine con miedo, escondida, pensando solo tocarte y salir corriendo...".

- "Pero cuando te toqué, sentí algo que nunca había sentido...".

Atreverse a contar "toda la verdad" es también parte del llamado.

Porque Dios no llama máscaras; llama personas reales. No unge personajes; unge testimonios.

Muchos estamos esperando que Dios nos use, pero sin soltar "toda la verdad". Queremos un llamado limpio, sin pasado embarazoso, sin historia complicada, sin heridas. Y Jesús insiste en lo contrario: "Tráeme tu verdad completa. No la versión editada; la verdadera. Yo no me escandalizo. Yo te llamo desde ahí".

EL CAMBIO DE NOMBRE: DE "MUJER DEL FLUJO" A "HIJA"

"Y él le dijo: Hija, tu fe te ha hecho salva; ve en paz, y queda sana de tu azote".

(Marcos 5:34)

Aquí está el corazón del capítulo.

Jesús no comienza diciendo "mujer". No la llama "impura". No le dice "la del problema". Le dice algo que nadie le había dicho en doce años: "Hija".

Este es el único momento en los evangelios donde Jesús llama "hija" a una persona de esta manera específica. Mientras va camino a sanar a la hija de Jairo, se detiene para recordarle a ella que también es hija.

Ese "Hija" es su verdadero llamado. Antes de cualquier ministerio, antes de cualquier servicio, antes de cualquier título, antes de cualquier cargo en la iglesia, antes de cualquier micrófono, está esa palabra: hija (o hijo). No eres "la que canta". No eres "el que predica". No eres "la de intercesión". No eres "el que profetiza". Eso son funciones. Tu llamado primero es identidad: hija, hijo.

Jesús no quiere que te vayas con el milagro sin llevarte el apellido del cielo. Él no quiere que dejes de sangrar, pero sigas pensando como mendiga. Él no quiere que recibas sanidad, pero te sigas viendo como "la del problema".

Por eso la llama. Por eso la expone. Por eso la hace salir de entre la multitud. Para que no se vaya como una ladrona de milagros, sino como una hija reconciliada con su Padre.

> *Tu llamado no empieza cuando subes a la plataforma; empieza cuando escuchas a Jesús susurrarte: "Hija... Hijo... tu fe te ha salvado".*

¿QUÉ TIENE QUE VER ESTO CON EL LLAMADO... Y CONTIGO?

Tal vez te preguntas: "¿Y qué tiene que ver todo esto con el llamado? Esta historia parece más de sanidad que de ministerio".

Precisamente ahí está el punto.

Muchos de nosotros queremos descubrir "qué quiere Dios que haga", sin detenernos a dejar que Él toque "quién soy yo por dentro". Queremos el mapa del ministerio sin pasar por el hospital del corazón. Queremos el plan sin el proceso.

La mujer del flujo de sangre nos enseña que:

- Antes de ser enviada, fue sanada.

- Antes de ser usada, fue llamada "hija".

- Antes de predicar a otros, tuvo que decir "toda la verdad" delante de Jesús.

Tu llamado no es una manera de compensar tu sangrado; no es tu forma de demostrar que vales. El llamado es la respuesta de Dios a tu identidad en Él, no a tu desempeño para Él.

Dios no te llama para que dejes de sangrar; te llama desde el lugar donde has sangrado, y transforma ese lugar en testimonio.

Tal vez tu llamado será caminar con otros que sangran en el mismo lugar donde tú sangraste. Tal vez será acompañar a los que se sienten impuros, a los que se esconden en la multitud, a los que creen que ya solo les queda "tocar y correr". Tal vez tu llamado sea precisamente mirar a alguien a los ojos y decirle: "Eres hija. Eres hijo. No eres tu problema".

UN TOQUE CON NOMBRE Y APELLIDO

Volvamos a la pregunta de Jesús: "¿Quién me tocó?".

No dijo: "¿Quién me codeó?".
No dijo: "¿Quién me empujó?".
No dijo: "¿Quién se me acercó?".

Dijo: "¿Quién me tocó?". Como si ese toque tuviera nombre y apellido.

En la multitud, todos estaban pegados a Jesús, pero no todos estaban conectados con Él. Había mucha "cercanía física" y poca fe activa. Había mucho ruido, mucha bulla, muchas manos, pero solo una mano creyendo de verdad.

En nuestras iglesias, reuniones y eventos, nos pasa igual. Podemos estar rodeados de Biblia, adoración, mensajes, conferencias, y aun así no tocarlo de verdad. Podemos saber todas las canciones, todos los versículos, todos los gestos, y aun así vivir sangrando en secreto.

El llamado de Dios, antes que ser algo espectacular, es esto: darle a Jesús un toque con tu nombre. No el toque de "uno más en la multitud", sino el toque de alguien que se atreve a decir: "Señor, esto es entre tú y yo. No sé cómo, pero si te toco, algo va a cambiar".

Ese toque puede ser:

- Esa oración honesta que haces finalmente sin máscara.

- Ese "sí" que le das cuando te pide perdonar a alguien.

- Esa decisión de obedecer en algo pequeño que nadie ve.

- Esa confesión que haces a tiempo, antes de que el pecado te destruya.

Cuando respondes así, Jesús vuelve a detenerse en medio de todo y pregunta: "¿Quién me tocó?" No porque no sepa, sino porque quiere que tú sepas que Él lo notó y que eso forma parte de tu llamado.

Nosotros somos la multitud que aprieta. Somos los discípulos que a veces no entienden la urgencia de Jesús por una sola persona. Somos Jairo, sabiendo que Dios es grande, pero sin entender por qué se detiene "justo ahora". Somos la mujer, intentando tocar y salir corriendo.

Dios no se asusta con nuestro desorden, ni con nuestros malentendidos. Él es tan paciente, que en medio de un caos humano se toma el tiempo de detenerse por una vida, sanar un cuerpo y restaurar una identidad.

Muchos de nosotros queremos servirle a Dios como Jairo ("Señor, ven a mi casa, usemos mi posición, hagamos algo grande"), pero no queremos reconocer que también somos la mujer ("Señor, estoy sangrando por dentro y no sé a quién contárselo").

El llamado completo abraza las dos cosas.

CUANDO TU HISTORIA SE VUELVE RESPUESTA AL LLAMADO DE OTROS

Después de este encuentro, la Biblia no nos cuenta qué hizo la mujer. No sabemos si se convirtió en predicadora, si sirvió en alguna iglesia, o si caminó con Jesús en sus próximos viajes. Ese silencio bíblico no es casualidad; es hermoso.

Lo que sí sabemos es que salió con algo que antes no tenía: identidad.

No salió como la "mujer del flujo de sangre", sino como Hija.

Y una hija que ha sido restaurada lleva esa restauración a cada espacio donde pisa, sin necesidad de púlpitos ni plataformas. Su caminar se convierte en mensaje. Su mirada cambia. Su manera de escuchar cambia. Su compasión cambia.

Imagínala regresando a su comunidad: las mismas calles, la misma gente, las mismas miradas, pero ella ya no es la misma. Ya no camina encorvada por la vergüenza, sino levantada por la voz de Jesús.

Porque cuando Jesús te restaura, tú te vuelves un recordatorio viviente de que Él sigue deteniéndose por los olvidados, que sigue sintiendo toques tímidos, que sigue cambiando nombres, que sigue diciendo:
"Yo sé quién eres... y eres mío".
No se necesita un micrófono para eso.
A veces basta con una conversación honesta, un abrazo sincero, una oración dicha con lágrimas, un gesto que nace del corazón de alguien que ha sido tocado primero por Él.
Tu historia —así, sin adornos— es evidencia de que Jesús todavía pasa entre la multitud y que cualquiera que se atreva a tocarlo, aunque sea desde el suelo, puede levantarse escuchando su verdadera identidad:
Hija. Hijo. Amado. Visto. Restaurado.

Aplicando esto a nuestro diario vivir

¿Cómo aterrizamos todo esto en lo cotidiano, en el trabajo, en la familia, en la iglesia, en el tráfico, en la fila del supermercado?

1. **Reconoce dónde sangras.**
   No lo niegues. No espiritualices tu sangrado. No lo tapes con frases como "así soy yo" o "eso ya pasó". Si hay áreas donde todavía pierdes la paz, donde pierdes el valor, donde pierdes la confianza, allí sigue habiendo una hemorragia. No tengas miedo de presentarla a Jesús.

2. **Escucha de nuevo hablar de Jesús**.
   No solo de la religión, no solo de la iglesia, no solo de la doctrina... de Jesús. Vuelve al evangelio. Lee los relatos donde Él toca impuros, abraza niños, llora, se detiene. Deja que la noticia de quién es Él refresque tu fe como si fuera la primera vez.

3. **Atrévete a hacer un movimiento hacia Él.**
   Tal vez no puedes cambiar todo de golpe, pero puedes tomar un paso: volver a orar, retomar la Palabra, buscar consejería, reconciliarte con alguien. Aunque sea un paso pequeño, es un "venir" hacia Él.

4. **Cuida lo que piensas.**
   La mujer decía "si tan solo lo toco". ¿Qué dices tú por dentro? Si tu discurso interno es "no valgo, no puedo, Dios ya terminó conmigo", ese discurso sabotea tu llamado. Pídele al Espíritu Santo que renueve tu mente para poder decir: "Si lo busco, Él me responde; si lo toco, algo cambiará".

5. **Tócalo con intención.**
   No te acostumbres a la rutina espiritual. Cuando cantes, tócalo. Cuando escuches la Palabra, tócalo. Cuando sirvas, tócalo. Cuando estés solo en tu cuarto, tócalo. No con manos perfectas, sino con manos sinceras.

6. **Responde cuando Él pregunte: "¿Quién me tocó?"**
   Habrá momentos en tu vida donde sentirás que Dios te expone, te llama adelante, te pone en una situación donde tienes que admitir: "Fui yo, Señor. Fui yo quien necesitaba este toque". No huyas. Esa exposición es parte de tu sanidad y de tu llamado.

7. **Abraza tu nuevo nombre.**
   Tal vez el mundo te conoce por tu pasado, por tu error, por tu fallo. Jesús te llama hija, hijo. Practica ese nombre. Recuérdatelo a ti mismo. Antes de salir de la casa, repítelo: "Soy hija. Soy hijo. No soy mi error, no soy mi historial, no soy mi hemorragia. Soy amado".

LLAMADO PARA LOS QUE SE SIENTEN INTERRUPCIÓN

Quiero hablarle, en esta parte, a quienes sienten que son una "interrupción" de la agenda de Dios. A los que piensan: "Dios tiene cosas más importantes que hacer que atenderme a mí. Hay gente peor que yo, hay guerras, hay problemas globales. ¿Por qué se detendría por mí?".

La mujer del flujo de sangre pudo haber pensado exactamente eso. Jesús iba camino a salvar a una niña que se moría. Humanamente, eso parece más urgente, ¿no? Y, sin embargo, Jesús se detiene.

Si tú te sientes así —como un estorbo, un número más, un caso más en la fila interminable de problemas—, escucha bien:

Jesús no es como nosotros. Él no mira el reloj diciendo: "No tengo tiempo". Él no prioriza por posición social, por importancia humana. Él se detiene por llamados que nadie más ve.

Tal vez tú mismo has aprendido a verte como interrupción en la vida de otros:

"Les daño el día con mis problemas".

"Soy una carga".

"Mejor no digo nada".

Jesús te mira en la multitud, siente el toque de tu fe, y hace lo mismo que hizo con aquella mujer: frena el paso, mira alrededor, y pregunta: "¿Quién me tocó?" porque quiere que sepas que para Él no eres una interrupción, eres una cita.

Tu llamado quizá nazca precisamente desde ahí: desde descubrir que Dios se detiene por ti. Desde ese momento en el que te atreves a creer que tu historia, por rota que sea, es importante para Él.

UN CIERRE QUE SIGUE ABIERTO: DEL PISO A LOS PIES

La mujer llegó al encuentro con Jesús casi arrastrándose, escondiéndose, tratando de no ser vista. Se fue caminando erguida, con la palabra "hija" repicándole en el corazón.

La pregunta "¿Quién me tocó?" quedó flotando en el aire de aquella multitud, pero también queda flotando en cada generación. Jesús la sigue haciendo hoy, no para señalar al culpable, sino para abrazar al hijo.

Este capítulo no quiere que termines admirando a una mujer valiente a la distancia. Quiere llevarte al mismo piso donde ella se arrastró, a la misma multitud donde se coló, al mismo borde de manto que tocó, y al mismo lugar donde Jesús la llamó "hija".

Quizá tú has estado sirviendo a Dios años, pero sangrando en secreto. Quizá has estado huyendo de tu llamado porque te sientes indigno. Quizá este mismo libro te ha confrontado con preguntas de Dios que te han incomodado.

En medio de todo eso, Jesús te mira y te pregunta de nuevo: "¿Quién me tocó?".

Es tu oportunidad para decir:

"Señor, fui yo. Yo te necesito. Yo he sangrado en silencio. Yo he gastado todo intentando arreglarme solo. Yo quiero dejar de esconderme. Llévame del apodo a la identidad, de la vergüenza al llamado, de la multitud a tus pies".

Y cuando lo hagas, escucharás la misma respuesta que ella:

"Hija, hijo… tu fe te ha hecho salvo. Ve en paz. Queda sano de tu azote".

No sé qué forma tomará tu llamado después de esto. Tal vez seguirá en la misma iglesia, en el mismo trabajo, con los mismos hijos, en la misma casa. Pero algo sí sé: ya no serás "el de la herida", "la del problema". Serás el hijo, la hija, que aprendió a tocar a Jesús en medio de la multitud y a vivir como alguien que fue llamado por su nombre.

Porque al final, tu verdadera identidad no es "la que sangraba".

Tu verdadera identidad es la que Jesús pronunció ese día, cuando detuvo todo para mirarte a ti:

Hija. Hijo. Llamado. Amado. Visto. Escuchado.

Y esa voz, más fuerte que cualquier apodo, es la que hará que este capítulo no solo se lea, sino que se viva como parte del llamado de Dios sobre tu vida.

ORACIÓN

Señor Jesús, hoy me acerco sin máscaras y con toda la verdad.

Tócame donde sangro por dentro y llámame por mi nombre.

Recuérdame que soy tu hijo, tu hija, y enséñame a vivir en paz. Amén.

CAPÍTULO 9

¿POR QUÉ DUDASTE?

SUÉLTALO O TE HUNDES

PEDRO

EL INSTANTE ENTRE "VEN" Y "ME HUNDO"

¿Por qué dudaste? Esta pregunta de Jesús a Pedro, en medio de una tormenta, no llega como un reproche, sino como una invitación. No busca información, sino revelarnos dónde se pierde nuestra mirada. "¿Por qué dudaste?" no es un grito de enojo; es la voz del Maestro sosteniendo al discípulo mientras lo levanta de las aguas.

A veces leemos el pasaje del caminar sobre el agua como si fuera una historia aislada: un momento heroico seguido de un tropiezo. El relato se encuentra en Mateo 14:22–33, donde se nos dice que, en medio de la tormenta, Pedro le dijo a Jesús: *"Señor, si eres tú, manda que yo vaya a ti sobre las aguas" (Mateo 14:28).* Y Jesús respondió con una sola palabra: "Ven". Pero cuando lo miramos de cerca, coma por coma, descubrimos que no es solo la historia de un milagro. Es la historia de un corazón que quiere creer, que se atreve a salir de la barca, que se tambalea, que se hunde y que aun así es sostenido por Jesús. No es espectáculo para admirar, sino revelación para imitar: todos hemos sentido el viento en contra, todos hemos tenido miedo y duda. Al final no recordaremos solo lo que hizo Pedro, sino lo que puede hacer Dios a través de nuestras dudas.

Este capítulo no te llevará a mirar la tormenta desde lejos. Te llevará a subir a la barca, sentir el viento, escuchar el rugido de las olas, y caminar con Pedro en cada paso vacilante, en cada latido, en cada grito desesperado y en cada instante en que la mano de Jesús nunca falla. Esta es la historia de "¿Por qué dudaste?", pero también es la historia de "Suéltalo o te hundes".

UN DÍA DE MILAGROS
Y UNA NOCHE DE VIENTO

Antes de que la tormenta comenzara, los discípulos habían sido testigos de un despliegue de generosidad divina. Jesús tomó cinco panes y dos peces, los bendijo y alimentó a una multitud. No solo vieron un milagro; participaron en él al repartir los panes y recoger las sobras. Su fe se elevó al ver la provisión sobrenatural: ¿qué podría amenazar a hombres que acababan de vivir algo así?

Aquel milagro formaba parte de una secuencia continua. Habían visto al Maestro sanar enfermos, dar vista a ciegos y liberar a los oprimidos. Caminaban con un rabino que enseñaba con autoridad y transformaba vidas. Habían presenciado cómo resucitó a la hija de Jairo y cómo una mujer fue sanada al tocar el borde de su manto. Vivían "días de cielo en la tierra". Por eso, después de un día tan glorioso, resulta dramático que Jesús les ordene subir a una barca para ir a la otra orilla. Pasar de repartir milagros a remar contra el viento iba a probar si la fe era más que emoción.

Los evangelios dicen que Jesús "hizo" que sus discípulos entrasen en la barca. No fue una sugerencia. Él los obligó a irse sin él, mientras despedía a la multitud. No les explicó por qué ni les dio una estrategia para la travesía. Solo los envió. Obedecieron, pensando quizás que él los alcanzaría después. La obediencia les exigía dejar el lugar del milagro y entrar en un escenario donde no habría multitudes ni aplausos, solo oscuridad y agua.

A medida que remaban, la noche se oscureció y el viento golpeó la barca. El Mar de Galilea, situado en un valle, es propenso a tormentas repentinas. Los discípulos, algunos pescadores experimentados, empezaron a esforzarse contra las olas. El cansancio físico, la falta de luz y el rugido del viento crearon un ambiente de angustia. Aunque venían de un milagro impresionante, ahora estaban empapados y luchando por avanzar. La mezcla de extenuación y miedo empezó a erosionar la alegría reciente. Así sucede en la vida: pasamos del "éxtasis espiritual" a una lucha inesperada.

Esta no era la primera tormenta que enfrentaban con Jesús. En otra ocasión, en el mismo lago, se desató una tempestad mientras Jesús dormía en la popa. Aterrados, lo despertaron gritando: "¡Señor, sálvanos, que perecemos!". Él se levantó, reprendió al viento y al mar, y sobrevino una gran calma. Entonces les preguntó: "¿Por qué tienen miedo? ¿Dónde está su fe?". Aprendieron que el Hijo de Dios tiene autoridad sobre la naturaleza y que, incluso cuando parece indiferente, está plenamente consciente de su necesidad. Su pregunta se convirtió en un recordatorio: el temor surge cuando olvidamos quién está en el barco.

La situación ahora era distinta. La tormenta era similar, pero Jesús no estaba visiblemente con ellos. En la tormenta anterior, su presencia física, aunque dormido, era tranquilizadora. Esta vez estaban solos, remando contra el viento sin un salvador a la vista. Sentirse abandonados después de haber sido enviados por Jesús debió ser desconcertante. Quizás se preguntaban por qué los obligó a irse; quizá la tentación de resentirse asomaba: "¿Acaso no le importamos?". Las emociones pueden tergiversar la memoria. Podemos olvidar lo que Dios hizo hace unas horas y sentirnos traicionados por un silencio temporal. La ausencia de Jesús en la barca puso a prueba la calidad de su fe: ¿se sostendrían por lo que sabían de su carácter o se dejarían llevar por lo que sentían?

PEDRO: IMPULSIVO, HUMANO, ELEGIDO

La figura de Simón Pedro es fascinante. Era pescador de Galilea, un hombre de trabajo rudo acostumbrado a las olas y al viento. *"Andando Jesús junto al mar de Galilea, vio a dos hermanos... echando la red en el mar, porque eran pescadores"* *(Mateo 4:18)*. Cuando Jesús lo llamó, dejó las redes inmediatamente y se convirtió en uno de los discípulos más cercanos al Maestro: *"Entonces ellos, dejando al instante las redes, le siguieron" (Mateo 4:20)*.

La Biblia lo presenta como apasionado, impulsivo y valiente; hablaba primero y pensaba después. Fue capaz de declarar con convicción: *"Tú eres el Cristo, el Hijo del Dios viviente"* *(Mateo 16:16)*, y apenas unos versículos más adelante, cuando Jesús habló de la cruz, Pedro lo reprendió diciendo: *"Señor, ten compasión de ti; en ninguna manera esto te acontezca"* *(Mateo 16:22)*.

Prometió lealtad absoluta, aun hasta la muerte:

"Aunque todos se escandalicen de ti, yo nunca me escandalizaré" *(Mateo 26:33)*. Sin embargo, pocas horas después, frente a una criada y a desconocidos, negó conocer a Jesús tres veces, hasta que *"saliendo fuera, lloró amargamente" (Matteo 26:75)*.

En el huerto de Getsemaní, movido por su carácter impetuoso, sacó una espada para defender al Maestro: *"Entonces Simón Pedro, que tenía una espada, la desenvainó e hirió al siervo del sumo sacerdote" (Juan 18:10)*, sin comprender aún que Jesús se entregaba voluntariamente.

Su temperamento valiente lo llevaba a equivocarse, pero su amor sincero por Jesús era innegable. Esta mezcla de coraje y torpeza lo hace cercano. Pedro no es un héroe idealizado, sino un discípulo profundamente humano. Y por eso su historia nos refleja lo en él vemos: nuestras promesas sinceras, nuestras reacciones impulsivas y nuestras caídas... y, aun así, el llamado que Dios no revoca.

Después de la resurrección, Pedro experimentó una transformación profunda. El gallo que cantó tras su negación quedó grabado como símbolo de su fracaso, pero también como el comienzo de una gracia restauradora. El mismo Maestro que antes le había dicho: "¡Apártate de mí, Satanás!", ahora lo buscó con ternura a la orilla del mar.

Allí, junto a las brasas, Jesús no lo confrontó con un sermón, sino con preguntas. No para humillarlo, sino para sanarlo.

Primero lo llamó por su nombre antiguo, como llevándolo de regreso al origen, antes de las promesas impulsivas:

"Simón, hijo de Jonás, ¿me amas más que estos?"

(Juan 21:15)

Pedro respondió sin prometer más de lo que podía sostener:

"Sí, Señor; tú sabes que te amo".

Entonces Jesús le dijo:

"Apacienta mis corderos".

Jesús volvió a preguntarle una segunda vez:
"Simón, hijo de Jonás, ¿me amas?"

(Juan 21:16)

Pedro respondió de la misma manera, con sinceridad y sin adornos:

"Sí, Señor; tú sabes que te amo".

Jesús le dijo:

"Pastorea mis ovejas".

La tercera vez, Jesús insistió en la pregunta, y el texto dice que Pedro se entristeció, no porque Jesús lo estuviera rechazando, sino porque estaba tocando una herida aún abierta:

> *"Simón, hijo de Jonás, ¿me amas?"*
>
> *(Juan 21:17)*

Pedro, dolido pero honesto, respondió:

"Señor, tú lo sabes todo; tú sabes que te amo".

Jesús le dijo:

"Apacienta mis ovejas".

Con cada respuesta, Jesús no solo perdonó su pasado; le devolvió su llamado. Ese encuentro no expuso a Pedro para avergonzarlo, sino para restaurarlo. La vergüenza fue reemplazada por responsabilidad, y el fracaso por comisión.

Más tarde, en Pentecostés, ese mismo Pedro predicó con valentía, y "como tres mil personas" creyeron, *(Hechos 2:41).*

El hombre que negó a Jesús ante una criada ahora lo proclamaba ante multitudes. Se convirtió en una columna de la iglesia y escribió cartas llamando a la humildad, a la esperanza y a soportar el sufrimiento con fe.

Su carácter impulsivo no fue eliminado; fue transformado. Su fuerza no fue anulada; fue dirigida. La historia de Pedro nos muestra que Dios no descarta nuestras caídas: las usa para formar líderes con compasión y firmeza. Pero antes de llegar ahí, Pedro tuvo que pasar por aguas que revelaran sus grietas.

CUANDO JESÚS APARECE
SOBRE LAS AGUAS

La noche seguía avanzada. Las olas golpeaban. La barca crujía. Los discípulos remaban, cansados, mojados, temblando. De repente, en la oscuridad, una figura se acercó caminando sobre el agua. Presos de pánico, gritaron: "¡Es un fantasma!". Así reaccionamos cuando Jesús aparece de una forma que no esperábamos: creemos que es amenaza en vez de rescate.

Pero él habló antes de que la desesperación ganara terreno:

"¡Tened ánimo; yo soy; no temáis". (Mateo 14:27)

Ánimo para el corazón, identidad para la mente y paz para el alma. Jesús se presenta antes de hacer cualquier movimiento milagroso. Su presencia es la respuesta antes de que cambien las circunstancias.

Los discípulos se quedaron entre el asombro y el miedo. Imagina estar exhausto, remando por horas, empapado, con las manos temblorosas, y de repente escuchar al Maestro que parece venir sobre las olas diciendo que no tengas miedo. Algunos se taparon el rostro; otros lloraron. Pedro, fiel a su carácter, no se quedó en el susto inicial. Su mente empezó a procesar la imposibilidad que sus ojos veían. Su corazón oscilaba entre el deseo de ir hacia Jesús y el miedo a hundirse. Es en esos segundos de tensión cuando se toman las decisiones más valientes. Conocemos la voz de Cristo, pero también sentimos el viento.

La decisión de confiar o retraerse se toma en un latido.

"SEÑOR, SI ERES TÚ…" — LA PETICIÓN QUE LO CAMBIÓ TODO

En medio del viento, Pedro tomó la palabra: "Señor, si eres tú, manda que yo vaya a ti sobre las aguas". No pidió una señal, ni que la tormenta se calmara, ni que Jesús entrara en la barca. Pidió una palabra. Mientras los demás seguían asustados, Pedro se atrevió a comprobar si ese "yo soy" era suficiente para pisar lo imposible.

Esta es la esencia de la fe madura: no pide que cambie la tormenta, pide que hable Jesús. La duda busca garantías; la fe busca dirección. Hay momentos en que la fe no se mide por la ausencia de miedos, sino por la audacia de pedir una palabra en medio del miedo.

"Ven" — Una palabra que sostiene lo imposible

Si lo pensamos bien, esta escena se siente como una clase práctica en la que nadie se inscribió, pero todos terminamos participando. Bienvenidos a la escuela de Jesús, donde primero te dan el examen y después la explicación. Así es: primero la tormenta, luego la lección. ¿Y saben qué? Todos hemos tenido ese momento de "¿y si me hundo?". Pero la fe te cambia el guion: "¿y si Dios me sostiene?". El miedo no es más que fe puesta en el "¿qué tal si...?" equivocado. Es como pagar la renta de un apartamento que ni siquiera vas a habitar.

Lo curioso es que Jesús no dio un manual de diez pasos para caminar sobre el agua. No dijo: "Mira, Pedro, primero respira, luego inclina el cuerpo en un ángulo de 45 grados...". ¡Nada de eso! Solo soltó una palabra: "Ven". Y ya. Una sola palabra cargada de todo el poder del cielo. Nosotros pedimos detalles, y Él responde con dirección.

Y ojo: no siempre lo más grande a los ojos humanos es lo más grande a los ojos de Dios. El centurión (*Mateo 8:5-13*), que pidió por su siervo, mostró más fe quedándose en su casa que muchos que hicieron alarde de hazañas. A veces la fe más fuerte no grita, sino que permanece firme en silencio confiando en que una palabra de Jesús basta.

Finalmente, la lección central es esta: nuestra seguridad no depende de la firmeza de nuestros pasos, sino de la fortaleza de las manos que nos sostienen. Como un buen receptor que nunca falla, Jesús está atento para atraparnos cuando nos atrevemos a dar el salto. Nuestra fe no descansa en nuestra habilidad para caminar sobre el agua, sino en su poder para no dejarnos hundir. Dios no siempre dice cómo caminar; solo da el llamado. Nuestros métodos buscan pasos y garantías, pero Jesús responde con dirección.

SUÉLTALO O TE HUNDES

Pedro obedeció al verbo y descendió de la barca. Antes del milagro, hubo un acto de soltar. Tuvo que dejar la madera que conocía para pisar el agua que nunca había probado. El paso más difícil no fue sobre el agua; fue fuera de la barca.

Todos tenemos una barca: una seguridad, una costumbre, un miedo, una opinión, una excusa, una voz interna, un "por si acaso". La fe comienza cuando sueltas lo que te mantiene flotando por lógica para confiar en lo que te mantiene caminando por obediencia. Si no sueltas la barca, no caminas; si no caminas, te estancas; si te estancas, te hundes. Suéltalo o te hundes. Así de sencillo y así de profundo.

CUANDO EL VIENTO GRITA MÁS FUERTE QUE LA FE

Pedro se lanzó y comenzó a caminar sobre el agua hacia Jesús. En la historia bíblica hubo cruces de aguas: Moisés y el pueblo de Israel atravesaron el mar Rojo en seco, cuando "las aguas fueron divididas" y *"los hijos de Israel entraron por en medio del mar, en seco"* (Éxodo 14:21–22). Josué y toda la nación cruzaron el Jordán cuando "las aguas que venían de arriba se detuvieron" y *"el pueblo pasó en seco"* (Josué 3:16–17). Más adelante, Elías y Eliseo golpearon el río Jordán y *"se apartaron las aguas a uno y a otro lado, y pasaron ambos por lo seco"* (2 Reyes 2:8, 14).

Pero nadie —además de Jesús— había caminado sobre las olas mismas. Ese privilegio pertenece únicamente al Señor de la naturaleza, quien "andando sobre el mar" se acercó a sus discípulos en medio de la tormenta (*Mateo 14:25*).

Sin embargo, mientras Pedro caminaba, empezó a mirar el

viento: "Pero al ver el fuerte viento, tuvo miedo…". Pedro sí tuvo fe, pero no la suficiente para mantener su mirada fija. El problema no fue notar el viento; fue dejar de mirar a Jesús. Lo que miras determina lo que sientes; tu enfoque es tu timón espiritual. Mientras Pedro miró a Jesús, caminó; cuando miró al viento, comenzó a hundirse. Pasó de ser campeón acuático a "Pedro el submarinista", no porque Jesús fallara, sino porque Pedro cambió su referencia. Lo mismo nos pasa: hoy no necesitamos olas de Galilea para distraernos; tenemos noticias que parecen películas de terror, redes sociales llenas de comparaciones y amigos expertos en "¿y si todo sale mal?". La fe no es cerrar los ojos a la tormenta, sino elegir la referencia correcta. Menos pantalla, más Palabra; menos quejas, más gratitud. Si vas a hundirte en algo, que sea en su gracia, no en tus distracciones.

"¡SEÑOR, SÁLVAME!" — MI PROPIO GRITO

Al empezar a hundirse, Pedro gritó: "¡Señor, sálvame!". Es una de las oraciones más eficaces de la Biblia: corta, sincera, sin protocolo. Él no recitó un discurso; solo gritó su necesidad. Aquí es donde se conecta mi propia historia.

Desde mi juventud he buscado conocer la voluntad de Dios. Anhelaba escuchar su voz para cada paso. En esa etapa tuve una relación seria con una novia cristiana: compartíamos la fe, el amor por la música y el canto. Era una persona maravillosa. Sin embargo, en un tiempo de oración sentí con claridad que esa relación no era parte del plan de Dios para mí. No era por algo malo en ella, sino por un llamado distinto que yo debía seguir. Obedecer significaba soltar algo bueno para abrazar algo mejor, aun cuando lo mejor fuera desconocido.

Cuando decidí terminar, amigos bienintencionados dijeron que actuaba por emoción y que Dios no me había hablado. Esas opiniones generaron dudas: "¿Habrá sido Dios? ¿Y si me equivoco? ¿Y si dejo ir algo que Dios quería?". Esa frase "¿por qué dudaste?" se convirtió en un espejo. Descubrí que la duda crece cuando escucho demasiado a la multitud y no a Cristo. Jesús no solo reprende la duda; la redirige. Cuando gritamos "¡Señor, sálvame!", Él extiende su mano. Aprendí que la fe no es la ausencia de dudas, sino la decisión de llevarlas a Dios y seguir andando. La misma voz que dijo: "Ven" a Pedro sigue diciendo: "Confía". Si me caigo, Él me recoge. Ese es el corazón del evangelio: no se trata de mi habilidad para mantenerme a flote, sino de su gracia para sostenerme.

Obedecer no siempre es un momento del pasado; aún hoy, cuando oro, voy a Dios pidiendo dirección. Hay decisiones, grandes y pequeñas, en las que sigo diciendo: "Señor, si eres tú, háblame". La vida de fe no tiene fecha de caducidad. Sigue siendo un proceso de soltar la barca, de avanzar en medio del viento, de sentir miedo y, aun así, de confiar en que su mano está extendida. Y a lo largo de este camino, Dios me mostró su fidelidad al extremo.   No es pecado tener preguntas; el problema es quedarse detenido por ellas.

En medio de aquel proceso de soltar, Él tenía reservado para mí a Milka, la mujer que hoy es mi amiga, consejera, aliada, compañera y esposa. Nuestra relación fue y es un recordatorio de que Dios no te pide soltar algo sin tener algo mejor —más alineado con su propósito— esperándote adelante. Milka no llegó como un premio por haber soltado; llegó como evidencia de que la obediencia abre puertas a lo inimaginable. Y a la fecha, cuando enfrento nuevos vientos, ella está a mi lado, recordándome a quién pertenecemos y hacia dónde vamos.

HUNDIRSE O SINCRONIZARSE — DOS PERSPECTIVAS

La escena de Pedro hundiéndose nos recuerda que lo que vemos no siempre es lo que realmente pasa. Desde su perspectiva, el mar lo estaba tragando. Desde la mirada de Jesús, era el momento perfecto para que Pedro ajustara su fe al compás de su gracia. Lo mismo nos pasa a nosotros: creemos que nos ahogamos en deudas, en problemas, en ansiedades, pero quizá lo que Dios está haciendo es sincronizarnos con su paso.

Él espera que levantemos la voz y gritemos "¡Sálvame!", no para exhibirnos, sino para extender su mano.

La sincronización es alineamiento: mi paso con su paso, mi ritmo con su ritmo. La adoración, la oración y la comunidad son como un metrónomo espiritual que calibra mi corazón con el suyo. Cuando logro ese ritmo, las olas no desaparecen, pero dejan de dictar el rumbo.

Puedo tener agua hasta los tobillos, pero mis ojos siguen fijos en su rostro. Y entonces, en vez de hundirme en ansiedad, me hundo en su presencia y allí descubro que su paz es mejor salvavidas que cualquier bote.

"No siempre se trata de flotar; a veces, lo que te salva es hundirte... en su gracia".

LA MANO QUE NUNCA LLEGA TARDE

En cuanto Pedro gritó, Jesús extendió su mano y lo sostuvo: "Al momento Jesús, extendiendo la mano, asió de él...". "Al momento" es el ritmo de la gracia. No llegó cuando Pedro dominara la técnica ni cuando dejara de temblar. Llegó en el momento justo. Jesús no deja caer a quien se atreve a intentar la fe.

Aquí entra la metáfora de la barra de carga: hay días en que mi corazón se siente como una pantalla con una barra de carga atascada al 20 por ciento. Miro mi vida y todo parece detenido. Proyectos pausados, oraciones en espera, promesas sin cumplirse. Quiero darle "clic" para que pase de una vez. Pero la sincronización divina no depende de mi impaciencia. Que no vea progreso no significa que el proceso esté detenido. Dios no está congelado; está trabajando en segundo plano. Isaías lo dijo: "Mis pensamientos son más altos que los vuestros, y mis caminos más altos que vuestros caminos".

La sincronización depende de la cercanía: si me desconecto de su presencia, es como perder señal; no se descarga nada. Pero cuando me acerco en oración, adoración y obediencia, el cielo empieza a descargar lo que ya está preparado. El tiempo de Dios a veces parece desesperante, pero Él sabe cuándo liberar la actualización. Mi tarea es mantenerme conectado: orar, servir, agradecer, confiar. Lo invisible no es inexistente; es un proceso en curso. Aunque parezca congelada, la barra del cielo nunca se queda a medias.

¿POR QUÉ DUDASTE? — EL ESPEJO FINAL

Cuando Jesús sostuvo a Pedro, le dijo: "¡Hombre de poca fe! ¿Por qué dudaste?". Su pregunta no buscaba avergonzarlo sino revelarlo. "Poca fe" no siempre significa cantidad; a veces significa duración. Pedro tuvo fe… la suficiente para dar un paso fuera de la barca. El problema fue sostenerla. El contraste está en el centurión que pidió por su siervo: no necesitó que Jesús entrara en su casa ni que hiciera gestos espectaculares; le bastó la certeza de su palabra. Esa es fe grande: la que permanece firme cuando no hay aplausos.

La verdadera fe no es solo el salto heroico fuera de la barca; también es la paciencia de quien sigue remando, aunque los brazos pesen. Y al final, nuestra seguridad no depende de la firmeza de nuestros pasos, sino de la fortaleza de la mano que nos sostiene. Esa mano no tiembla, aunque la nuestra se suelte.

La historia termina con Jesús y Pedro entrando en la barca y el viento cesando. Las tormentas no fueron enviadas para destruirlos, sino para enseñarles quién es Él y quiénes son ellos en Él. Los otros discípulos quizá se quedaron en la barca criticando o admirando; no se les condena, pero tampoco vivieron esa experiencia. Todos enfrentamos vientos contrarios; todos dudamos. La pregunta "¿por qué dudaste?" no busca avergonzarnos; busca recordarnos que hay una razón para confiar. El que multiplicó los panes es el mismo que camina sobre el agua. No nos abandona; nos invita a conocerlo mejor.

Cada prueba es una oportunidad de sincronizar nuestro corazón con su fidelidad.

SOLTAR PENSAMIENTOS NEGATIVOS

El viento que sacudía a los discípulos es como esas voces internas y externas que a veces nos sacan de quicio. Un día es la vocecita interna que repite "no sirves", otro día es el comentario malintencionado de alguien, y a veces somos nosotros mismos dándonos más palo que un tambor.

El problema es que nos aferramos a pensamientos que pesan como piedras. Imagina remar con todas tus fuerzas con una roca amarrada al cuello. ¡Ni Michael Phelps sobrevive a eso! Soltar no es negar lo que pasó ni hacer como que no dolió; soltar es decidir que ese recuerdo, esa ofensa o esa crítica no van a marcar el rumbo de tu barca.

Y ojo, no todo es espiritualizar: la terapia puede ayudarnos a identificar las trampas de la mente, mientras que la Palabra de Dios nos recuerda la verdad que permanece. Es un combo poderoso: psicología que expone la mentira y teología que afirma la verdad. Cuando suelto el "soy una víctima" y abrazo el "soy hijo de Dios", mi alma se vuelve liviana, como globo que se eleva en el aire. Y entonces se cumple lo que Pablo escribió:

"Renovaos en el espíritu de vuestra mente".

(Efesios 4:23)

Cada día es un filtro: ¿qué pensamientos dejo pasar y cuáles saco con la basura? Si no aprendo a escoger, mis "¿qué tal si...?" se convierten en cadenas. Pero si suelto lo que estorba, entonces floto, avanzo y descubro que la tormenta no era para hundirme, sino para enseñarme a navegar más ligero.

LA RESPUESTA DEL CORAZÓN

Todos somos Pedro en algún momento: cuando obedecemos sin entender, soltamos lo que nos daba seguridad, sentimos el viento contra nosotros, damos un paso y luego tambaleamos, cuando gritamos "¡Sálvame!", cuando Jesús nos sostiene sin dudar. La invitación sigue siendo la misma: "Ven". Ven, aunque el viento siga. Ven, aunque tengas miedo. Ven, aunque no todo esté claro. Ven, aunque estés temblando. Ven, aunque te equivoques. Ven, aunque ya te hayas hundido antes. Suéltalo o te hundes. Pero si te hundes… grita. La mano ya está extendida.

ORACIÓN

Señor Jesús,

tú conoces mis pasos inciertos y los momentos en que, como Pedro, me atrevo a salir de la barca, pero me pierdo en el viento. En medio de mis dudas, vuelve a hablar a mi corazón. Recuérdame que tu llamado no depende de mi fuerza, sino de tu gracia; que no me llamaste porque soy perfecto, sino porque me amas.

Hoy te entrego mis temores, mis "¿y si…?" y todo lo que me hunde. Sostén mi fe cuando sea frágil, afirma mis pies cuando tiemblen y dame valentía para caminar hacia donde tú me invitas.

Señor, si mi mirada se desvía, tráela de vuelta a ti. Si mi corazón duda, susúrrame tu paz. Y cuando me hunda, no permitas que me quede abajo: tómame de la mano y llévame al lugar donde tu propósito me espera.

Que cada paso, en tierra firme o sobre las aguas, me acerque más a tu voz… y me haga vivir el llamado para el cual fui creado.

En tu nombre, Jesús. Amén.

CAPÍTULO 10
¿POR QUÉ ESTÁS AFANADA Y TURBADA?

EL RUIDO INTERIOR

MARTA

CUANDO EL ALMA NO SE CALLA

"Aconteció que yendo de camino, entró en una aldea; y una mujer llamada Marta le recibió en su casa.

Esta tenía una hermana que se llamaba María, la cual, sentándose a los pies de Jesús, oía su palabra.

Pero Marta se preocupaba con muchos quehaceres, y acercándose, dijo: Señor, ¿no te da cuidado que mi hermana me deje servir sola? Dile, pues, que me ayude.

Respondiendo Jesús, le dijo: Marta, Marta, afanada y turbada estás con muchas cosas. Pero sólo una cosa es necesaria; y María ha escogido la buena parte, la cual no le será quitada".

Lucas 10:38–42

A veces no es el ruido del mundo lo que nos roba la paz, sino el eco insistente de nuestra propia mente. No hace falta un terremoto, ni una crisis, ni una multitud; basta una lista mental que no deja de sonar.

Faltan los platos, falta el informe, falta el dinero, falta el tiempo.

Y sin darnos cuenta, esa lista se vuelve una cadena invisible que arrastra el alma. Marta vivía ahí, en ese punto medio entre la devoción y la obligación. Tenía a Jesús en su casa, pero no en su atención. Tenía al Maestro bajo su techo, pero el corazón en el fregadero. Y si somos sinceros, más de uno hemos orado con una cuchara en la mano y ansiedad en el pecho.

Servimos a Dios con las manos ocupadas y el corazón dividido. Amamos su presencia, pero corremos tanto que cuando llegamos, ya estamos agotados.

CUANDO EL SERVICIO SE VUELVE RUIDO

Marta no estaba haciendo algo malo. No estaba pecando, ni rebelándose. Estaba sirviendo. Estaba haciendo lo que cualquiera de nosotros haría si el Hijo de Dios llegara sin aviso a cenar con doce invitados (y ninguno trajo postre). El problema no era el trabajo, era la distracción. El texto dice que "Marta se preocupaba con muchos quehaceres". La palabra "preocupaba" en el original transmite la idea de "ser tirada en muchas direcciones".

Eso mismo nos pasa cuando el alma se parte entre lo urgente y lo eterno. Y de pronto, en medio del trajín, Jesús parece pasar a segundo plano. Él sigue ahí, pero nuestra mente ya no.

Si Marta viviera hoy, quizás tendría un delantal con su nombre bordado y un reloj inteligente que le avisara cuántos pasos ha dado sirviendo al Señor. Y no dudo que Jesús sonreiría al verla correr de un lado a otro, pero esperaría el momento exacto para decirle con ternura:

—Marta, Marta… no te llamo para que corras más rápido, sino para que mires que estás corriendo en círculos.

LA LISTA QUE NO TERMINA

Marta representa a todos los que amamos a Dios, pero hemos confundido actividad con intimidad. Los que pensamos que cuanto más hacemos, más agradamos. Y, sin embargo, Jesús no mide amor por tareas completadas, sino por corazones atentos.

Esa tarde en Betania, Marta tenía una lista: el pan, el vino, las sillas, el mantel, los platos, los cubiertos, los discípulos hambrientos, y tal vez un hermano que no ayuda (porque siempre hay uno). Y entre tantas prioridades, el invitado se volvió una más. No el centro, sino el punto número once de la agenda.

Jesús no se ofende por nuestras listas. Lo que le duele es cuando las listas nos alejan de Él.

> *Porque servir sin escuchar termina dejándonos vacíos, y trabajar sin adorar nos hace olvidar para quién empezamos a hacerlo todo.*

EL ECO DE LO QUE FALTA

A veces no necesitamos más cosas para hacer; necesitamos menos cosas que nos distraigan. Porque no es el cansancio físico lo que nos roba la paz, sino el cansancio del alma. Esa fatiga invisible que no se cura durmiendo, sino deteniéndose.

Marta pensaba que todo debía estar perfecto, pero Jesús no pidió una cena de gala. Él no vino a inspeccionar el menú, sino a alimentar corazones. Y mientras María escuchaba, Marta escuchaba su mente. Una hablaba con el Maestro, la otra con su ansiedad.

Tal vez, si estuvieras en esa casa, habrías visto el mismo contraste que vemos hoy en nuestra vida: un rincón de adoración y una cocina de preocupación. Ambas reales, ambas necesarias, pero una más eterna que la otra.

EL DÍA QUE EL CIELO TOCÓ LA PUERTA

Aquel día comenzó como cualquier otro en Betania. El sol caía sobre las tejas, las gallinas cacareaban, y el aire olía a harina y leña. Pero en medio de la rutina, una voz corrió por el pueblo: "¡Jesús viene!". Y cuando alguien decía "Jesús viene", no se trataba de un visitante cualquiera. Era como si el cielo mismo se acercara al polvo.

Marta, siempre diligente, reaccionó de inmediato. Si Jesús iba a pasar por su aldea, ¿cómo no recibirlo? Y si iba a entrar a su casa, ¿cómo no prepararlo todo? Sin pensarlo dos veces, abrió las puertas de su hogar y también las de su responsabilidad.

El texto dice que "Marta le recibió en su casa", pero si nos imaginamos la escena, podríamos añadir: "y también le recibió con un delantal y una lista en la mano". Mientras Jesús y sus discípulos se acomodaban en el patio, Marta comenzó a organizar su pequeño ejército de ollas, cucharones y expectativas. Los hombres hablaban, María se sentó cerca de Jesús, y el aire se llenó de conversación divina.

Marta, en cambio, se llenó de pendientes. En un rincón se oían risas, en el otro el choque de cazuelas. Y en medio de todo, el contraste más humano de todos: uno escucha, otra se apura. Uno se detiene, otra acelera. Uno busca palabra, otra busca aprobación.

Hay algo hermoso y a la vez peligroso en ser "la que resuelve". Esa necesidad de que todo funcione, de que nadie pase hambre, de que no falte nada. Marta no quería impresionar, quería honrar. Pero en el intento, la honra se volvió carga.

La mesa estaba casi lista, el pan en el horno, el vino servido, pero algo en su interior empezó a hervir más que la sopa. Miraba a María, sentada a los pies del Maestro y sentía cómo se le acumulaban las emociones: cansancio, frustración, y quizás una pizca de envidia disfrazada de justicia. Porque cuando uno está agotado, el silencio del otro suena a irresponsabilidad.

No es difícil imaginar la escena: Marta entra con las manos en la cintura, la frente perlada de sudor, y con ese tono de quien intenta ser respetuosa, pero ya no puede más:

—Señor… ¿no te da cuidado que mi hermana me deje servir sola? Dile, pues, que me ayude.

Es una oración disfrazada de reclamo, una súplica mezclada con reproche. En otras palabras: "Jesús, estoy cansada de hacer lo correcto sin que nadie lo note". Suena espiritual, pero lleva el peso de algo que muchos sentimos: la sensación de servir mucho y ser vistos poco.

Jesús la mira con ternura. No la corrige con dureza, no la acusa de falta de fe. Le responde con amor, y su respuesta atraviesa siglos hasta hoy:

"Marta, Marta, afanada y turbada estás con muchas cosas; pero sólo una cosa es necesaria".

Esas palabras no son regaño, son rescate. No vienen de alguien molesto, sino de alguien que la ama tanto que no quiere verla ahogada en su propio esfuerzo. "Marta, Marta…" —como quien repite un nombre para bajarle el ritmo al alma— "no necesitas hacer más, necesitas estar aquí".

Cuántas veces el Señor ha querido decirnos lo mismo en medio de nuestros días agitados. Cuando corremos con la agenda en la mano, el corazón disperso y la mente partida, Él no nos pide más velocidad, sino más quietud. No nos exige resultados, nos invita a reposar.

Jesús no desprecia el trabajo de Marta; después de todo, alguien tenía que cocinar.

Pero la está llamando a recordar que la prioridad no es lo que hacemos para Él, sino lo que permitimos que Él haga en nosotros.

LAS LISTAS QUE HABLAN SOLAS

El problema de Marta no era el servicio, era la sobrecarga emocional de sentir que todo dependía de ella. En su mente no había espacio para la calma, porque cada pensamiento tenía un recordatorio adjunto. Y si alguna vez te has acostado con la mente corriendo más que tus pies, sabes cómo se siente: el cuerpo se apaga, pero la lista sigue despierta.

"Falta esto".

"Debí hacer aquello".

"¿Y si no alcanzo?".

A veces ni siquiera hace falta que alguien te exija más; tú misma te lo recuerdas cada cinco minutos. Marta no tenía un celular, pero tenía la mente en modo notificación. Cada pensamiento vibraba con un pendiente nuevo. Hoy, la llamaríamos una mujer *multitask*, de esas que pueden freír, hablar por teléfono, corregir a los hijos y orar por el vecino al mismo tiempo. Y, sin embargo, aunque parecía más eficiente, en el fondo estaba más vacía.

Porque cuando todo se vuelve urgente, nada se siente importante.

Jesús no le pidió que apagara los fogones, sino que encendiera el corazón. Porque no es lo mismo cocinar para Cristo que cocinar con Cristo presente. Lo primero agota; lo segundo renueva. Lo primero te deja con la sensación de deber cumplido, lo segundo con la certeza de haber estado con Él.

Si lo pensamos bien, todos tenemos una "cocina interior" llena de ruido. A veces no es una olla la que suena, sino la culpa; no es una cuchara la que golpea, sino la prisa. Hacemos cosas buenas, pero desde un corazón agotado. Y cuando eso pasa, el alma empieza a reclamar: "¿Nadie ve lo que hago?

¿Nadie ayuda? ¿Nadie agradece?". Nos volvemos mártires de nuestras propias expectativas.

He escuchado a muchos decir: "Yo sirvo a Dios, pero siento que nadie lo nota". Y tal vez Jesús respondería igual que a Marta: "Sí lo veo, pero más que aplaudir lo que haces, quiero sanar por qué lo haces". Porque servir por amor sana, pero servir por aprobación enferma.

Si Marta hubiera tenido un asistente virtual, seguramente habría dicho: "Alexa, agrégame en la lista: trapear, hornear, alimentar doce discípulos y recordarle a mi hermana que existe". Pero ni Alexa podría con eso. Y es que cuando la lista no se detiene, no importa cuántas tareas completes; siempre habrá una más esperándote, y siempre la misma sensación: no es suficiente.

Jesús no le dice a Marta que deje de servir; le enseña a priorizar desde el alma.

Solo una cosa es necesaria.

No dos, no diez, no la lista entera.

Una.

Pero esa "una cosa" cambia todo, porque cuando pones a Jesús primero, todo lo demás se ordena en su lugar. El mundo nos ha convencido de que valemos por lo que producimos, pero el Reino nos recuerda que valemos por lo que somos en Él. Marta pensaba que honraba a Cristo con lo que hacía; no imaginaba que Él se sentía más honrado con que simplemente se sentara. No porque desprecie el trabajo, sino porque ama más al trabajador.

Jesús no busca empleados del Reino, sino hijos que disfruten su presencia.

La ansiedad de Marta tenía apellido: comparación. Miraba a María y sentía que su esfuerzo no era suficiente. Y aunque no lo diga en voz alta, muchos de nosotros vivimos esa misma batalla silenciosa: comparar lo que hacemos con lo que otros parecen disfrutar.

Marta servía, María escuchaba, y Jesús amaba a ambas. Pero Marta no podía disfrutar ese amor porque lo filtraba todo a través de su desempeño. Hay una frase que podríamos grabar en la pared de la cocina de Marta: "No compitas en un área donde Dios no te pidió comparación".

El problema no es servir distinto, es perder la paz intentando servir igual. María no era mejor, solo estaba en otro momento. Y Jesús no estaba calificando a ninguna; solo estaba recordando lo esencial: estar presente. Lo que Marta veía como irresponsabilidad, Jesús veía como adoración. Lo que ella llamaba "perder tiempo", Él llamaba "ganar descanso". Porque a veces, la mayor fe no se demuestra corriendo, sino quedándose quieto.

Marta representaba al corazón que ama tanto que se olvida de disfrutar. Y ese amor acelerado, sin pausa, termina agotando hasta lo más santo. Pero Jesús vino a enseñarle —y enseñarnos— que la gracia no corre, reposa. La gracia no dice "haz más", dice "quédate aquí".

Cuando Dios me apagó el ruido

Yo también he tenido mis días de Marta, pero con el celular en la mano. Cuando terminé el libro de Nicolás, mi oración original había sido clara: "Señor, que este libro toque generaciones. Que los nietos, los bisnietos y los que aún no han nacido conozcan al Dios que sirve Nicolás, y que su legado se extienda".

Esa era la intención. Pero, apenas el libro salió, algo en mí empezó a cambiar de foco. Sin darme cuenta, mi lista ya no era: "Que tu nombre sea conocido, Señor",

sino:

"¿Cuántos *likes* tiene hoy?"

"¿Cuántos libros se vendieron esta semana?"

"¿Alguien dejó un *review* nuevo?"

No estaba preparando una cena, pero estaba igual de "afanado y turbado". No corría de la estufa a la mesa, pero sí de una notificación a otra. Abría Facebook, cerraba Facebook, volvía a abrirlo. Miraba las ventas, refrescaba la página, volvía a mirar.

Y lo más fuerte es que ya Dios me había hablado de escribir mucho antes. Ya tenía títulos de próximos libros, ya había empezado a escribir sobre ¿Habrá Alguien? La dirección estaba clara, pero mi mente se quedó atrapada en el pasillo de los *"likes"*.

Yo decía que quería tocar generaciones, pero vivía pendiente al "ahora mismo". Oraba por los nietos y bisnietos que quizás algún día leerían la historia de Nicolás, pero mi paz dependía de cuántas personas le daban "me gusta" en las primeras veinticuatro horas.

Hasta que el Señor, con la misma ternura con la que llamó a Marta, comenzó a llamarme a mí. No con una voz audible, pero sí con una incomodidad santa: "Saúl, estás mirando demasiado el número equivocado".

Y tomé una decisión simple, pero radical para mí: una semana sin tocar Facebook ni ningún portal social. Nada de chequear ventas. Nada de entrar "solo un momento". Nada de "déjame ver cómo va". Esa semana fue como apagar la cocina interior. De repente, el ruido bajó.

En esos días, algo se encendió donde antes solo había

notificaciones: mi imaginación y la dirección de Dios se cruzaron. Leí cuatro libros (audiolibros, para ser más exactos). Mi mente se reenfocó en lo que realmente era importante: escribir.

Pero no solo seguí escribiendo el libro. Algo que Dios me había hablado en mi juventud, y que yo casi había archivado, comenzó a despertar: canciones.

Dios me había dicho años atrás que me daría canciones. Y, siendo sincero, por mucho tiempo pensé que ese capítulo se había cerrado. Pero no era que Dios se había tardado; era que yo había detenido el fluir del Espíritu, entretenido entre "likes", ventas y comparaciones.

En esa semana sin redes, comenzaron a nacer letras y melodías. Mientras el mundo digital se quedaba en silencio, la voz creativa del Espíritu comenzó a subir de volumen. No fue magia, fue espacio. No fue que Dios finalmente se acordó de mí, fue que yo finalmente dejé de distraerme.

Me di cuenta de algo muy parecido a lo que vivió Marta: no estaba haciendo algo malo; el problema era desde dónde lo estaba haciendo.

Escribir un libro no es malo.

Promocionar un proyecto no es malo.

Usar redes sociales no es malo.

Pero cuando el corazón empieza a depender de eso para sentir valor, ya no es servicio, es ruido.

Esa semana entendí que Jesús no me pedía que dejara de escribir, ni que dejara de soñar, sino que me sentara otra vez a escuchar. Que recordara que mi llamado no nació de un "me gusta", sino de una palabra suya. Que mi valor no se mide en ventas, sino en obediencia.

Y tal vez, igual que yo, tú también has tenido tu "Marta

digital": no en una cocina, sino en una pantalla. No con ollas y cucharones, sino con *apps* y notificaciones. Si es así, déjame decirte algo desde mi experiencia: a veces, el milagro no es que el post se haga viral, sino que el alma se haga silenciosa.

Que Dios apague un momento el ruido de afuera, para sanar lo que por dentro estaba corriendo sin descanso.

CUANDO EL ALMA APRENDE A SOLTAR

Con el tiempo, Marta entendió algo que no se aprende cocinando, sino rindiéndose: que hay batallas que no se ganan haciendo más, sino dejando de resistir. Porque a veces el alma necesita desaprender su ritmo antes de poder descansar en Dios. Marta, aquella mujer que un día reclamó en la cocina, no desaparece de la historia. Vuelve a aparecer en otro episodio, y esta vez no está peleando con ollas, sino con la muerte.

Su hermano Lázaro había enfermado. Ella, como siempre, actuó rápido. Mandó llamar a Jesús: *"Señor, he aquí el que amas está enfermo" (Juan 11:3).* Pero el Maestro no llegó cuando se esperaba. Los días pasaron, la enfermedad empeoró, y el milagro no llegó. Lázaro murió, y con él, la esperanza.

Cuando Jesús finalmente apareció en Betania, cuatro días tarde, según el calendario humano, Marta salió a su encuentro. No esperó que Él la llamara. Salió, dolida, cansada, pero con fe suficiente para hablarle. Y allí, en ese camino polvoriento, se encuentra otra vez con Jesús. Ya no como aquella mujer afanada y turbada, sino como alguien que ha aprendido —a la fuerza— que el control tiene límites.

"Señor, si hubieses estado aquí, mi hermano no habría muerto".

En esa frase se escucha su corazón entero: la fe, la frustración, la herida. Pero lo que dice después marca el cambio: *"Mas también sé ahora que todo lo que pidas a Dios, Dios te lo dará"* (Juan 11:22).

Ahí está.

Marta ya no está reclamando ayuda con un cucharón en la mano; está declarando confianza en medio de una tumba. La misma mujer que le pedía a Jesús que corrigiera a su hermana, ahora le confía la resurrección de su hermano. El proceso la transformó. Lo que antes la turbaba, ahora la sostenía. La prisa dio paso a la paciencia, el control al descanso, la lista al silencio.

Es hermoso pensar que Jesús no corrigió a Marta para humillarla, sino para prepararla. En aquella primera escena, la estaba entrenando para esta.

Porque quien aprende a descansar en la presencia, sabrá esperar en la ausencia.

Jesús sabía que algún día ella lo buscaría en medio del duelo, y que esa vez no le pediría que regañe a nadie, sino que haga lo imposible. Marta, la mujer práctica, la que medía la vida en tareas, aprendió que el tiempo de Dios no se mide en listas, sino en promesas. Y que, aunque el reloj marque tarde, el cielo nunca llega fuera de hora.

Lo supo cuando Jesús dijo:

"Yo soy la resurrección y la vida".

No "yo traigo la solución", sino: "Yo soy".

No un método, una persona.

No un horario, una presencia.

Qué hermoso cuando el alma deja de decir "si hubieras

estado" y empieza a decir "sé que estás". Ese es el salto que dio Marta. El paso invisible de la productividad a la presencia. Y aunque a veces todavía se le escapara una mirada al reloj, ya entendía que el milagro no depende de su puntualidad, sino de su poder. Quizás por eso Jesús amaba tanto estar en Betania. Porque allí no solo comía, allí enseñaba a descansar.

En casa de Marta aprendemos que la fe no siempre cocina milagros instantáneos; a veces los deja fermentar hasta que el corazón se ablanda. En la primera escena, Marta tenía el control; en la segunda, entrega el control. En la primera, busca ayuda para organizar; en la segunda, busca a Jesús para resucitar.

La diferencia es que ahora no le da órdenes a Dios, sino espacio. Ya no le dice: "Dile que me ayude", ahora solo dice: "Sé que puedes hacerlo". Eso es madurez espiritual: pasar de dirigir al cielo a descansar en él.

Muchos oramos como Marta la primera vez: "Señor, haz esto, arregla aquello, apura lo otro".

Y Jesús nos responde como entonces:

"No te llamé a dirigir, te llamé a confiar".

No es que no puedas organizar, es que no puedes controlar lo eterno. Y mientras más temprano lo entiendas, más pronto descansarás. Si la primera Marta se parecía a nuestra vida diaria, la segunda representa lo que el Espíritu quiere formar en nosotros: un corazón que sabe cuándo servir y cuándo sentarse, cuándo correr y cuándo llorar, cuándo hablar y cuándo esperar.

Y lo más liberador de todo: saber que Jesús no ama más a María que a Marta, ni al que canta más que al que cocina. Solo quiere que ambos aprendan a estar con Él.

EL DESCANSO QUE COCINA MILAGROS

La historia de Marta termina bien, aunque la Biblia no la cierre con un punto final. Porque cuando un corazón aprende a descansar, su historia nunca se acaba; solo empieza a latir más lento, pero más fuerte.

Marta siguió siendo Marta: la que organiza, la que atiende, la que quiere que todo salga bien. Jesús no vino a borrar su carácter, sino a sanarlo. Le enseñó que podía seguir sirviendo, pero desde la calma, no desde la carga. Que podía seguir cocinando, pero con el alma reposada. Que podía seguir siendo activa, pero sin perder de vista al invitado.

La diferencia no está en lo que hacía, sino en desde dónde lo hacía. Antes servía desde la presión, ahora desde la presencia. Antes trataba de controlar la atmósfera, ahora dejaba que Cristo la gobernara. Y cuando uno aprende eso, hasta la cocina se vuelve altar. Porque cuando el corazón se aquieta, cualquier espacio puede ser lugar santo: una oficina, un aula, una habitación, una cocina. No importa el ruido, si adentro hay reposo.

Jesús no vino a enseñarle a Marta a dejar de servir, sino a servir sin perderse. A disfrutar el momento, a entender que el Reino no necesita perfección, sino atención. Porque no es lo mismo tener a Jesús en casa que estar en su presencia. Y a veces, Él está ahí, pero el alma anda tan ocupada que no se da cuenta.

Tal vez ese sea nuestro mayor reto hoy. No se trata de tener más tiempo, sino de tener más conciencia. No de correr menos, sino de correr con propósito. No de dejar de trabajar, sino de trabajar desde un corazón que ya descansó en Él.

Jesús sigue repitiendo nuestro nombre como repitió el de Marta: con ternura, no con reproche. "Saúl, Saúl... afanado y turbado estás con muchas cosas".

No para avergonzarte, sino para invitarte. Él no grita, susurra. No señala, levanta. No exige, recuerda: "Solo una cosa es necesaria".

Y en ese recordatorio hay una libertad que ninguna productividad puede dar. Porque el amor de Dios no se gana llenando listas, sino vaciando la agenda para oír su voz. La gracia no te mide por lo que logras, sino por cuánto te dejas amar.

Si Marta pudiera hablar hoy, tal vez nos diría con una sonrisa: "El horno puede esperar". Y añadiría, con su humor típico: "Jesús no necesita pan caliente, necesita corazones dispuestos".

Porque al final, cuando el alma descansa en Cristo, hasta el pan sin levadura sabe a cielo. Quizás el milagro más grande de Betania no fue Lázaro saliendo de la tumba, sino Marta saliendo del afán. No la resurrección del cuerpo, sino la del alma.

Porque no hay sepulcro más profundo que una mente saturada, ni libertad más grande que un corazón en paz. Así termina esta historia: no con aplausos, sino con reposo. No con una lista cumplida, sino con una mirada tranquila.

Marta sigue siendo la misma, pero ya no vive acelerada. Porque entendió que la fe también sabe descansar. Y que a veces, la mejor adoración no está en hacer algo por Jesús, sino en dejar que Jesús haga algo en ti.

Así que, si hoy tu vida se siente como una cocina llena de ruido, baja el fuego, apaga el horno un momento, y siéntate.

La mesa puede esperar.

El alma, no.

ORACIÓN

Señor Jesús,

Tú que entraste en la casa de Marta y conociste el ruido de su corazón, entra hoy también en mi casa y en mi mente. Tú sabes cuántas veces he corrido de pantalla en pantalla, de lista en lista, buscando aprobación, números y resultados, mientras mi alma se quedaba con hambre de ti. Perdóname por las veces en que he tenido tu presencia tan cerca, pero mi atención tan lejos.

Hoy quiero sentarme a tus pies. Quiero soltar el afán, la comparación, la necesidad de ser visto, y abrazar la "una cosa necesaria": escucharte a ti.

Apaga el ruido de mis "likes", de mis pendientes y de mis miedos, y enciende de nuevo el fuego de tu voz en mi interior. Que lo que escribo, lo que sirvo, lo que publico y lo que sueño no nazca de mi ansiedad, sino de tu dirección.

Espíritu Santo, enséñame a vivir como Marta transformada: que trabaja, pero desde el descanso; que sirve, pero desde la paz; que organiza, pero sin perder de vista al invitado.
Que mi casa, mi celular, mi agenda y mis dones se conviertan en altar donde tú seas el centro.
Hoy te entrego mis listas... y tomo tu paz.

En el nombre de Jesús. Amén.

CAPÍTULO 11

¿QUÉ QUIERES QUE TE HAGA?

El llamado de Dios a los que viven en la orilla

BARTIMEO

CUANDO JESÚS SE DETIENE
DONDE OTROS PASAN DE LARGO

Siempre me ha sorprendido cómo empieza este pasaje: «Y llegaron a Jericó». Así, sin más detalles. Así de sencillo. Y, aun así, tan cargado de historia, significado y memoria espiritual.

Ya caminamos por Jericó en este libro. Ya escuchamos los pasos de un ejército rodeando murallas, ya vimos piedras cayendo por obediencia, ya entendimos que Dios usa lugares viejos para escribir historias nuevas. No repetiré lo que ya hablamos; pero sí quiero que entiendas algo:

Dios vuelve a pasar por Jericó porque todavía hay muros que deben caer. No de piedra. De identidad. Ese versículo es la antesala del encuentro que Marcos *(Marcos 10:46–52)* narra unas líneas más adelante: Bartimeo, el hijo de Timeo, sentado junto al camino.

Esta vez no hay trompetas, no hay gritos de guerra, no hay vueltas alrededor de la ciudad. No hay arca, no hay filas ordenadas, no hay instrucciones de cuántos días marchar. El escenario es parecido, pero la batalla es otra. Antes, un pueblo entero frente a una ciudad amurallada. Ahora, una multitud cualquiera caminando y, a un lado, un solo hombre que parece no importar. Solo hay una multitud, un camino polvoriento y un ciego sentado a la orilla.

Lo hermoso es esto: Jesús no se detiene por la multitud. Se detiene por el que todos pasan por alto. Así trabaja Dios. Así ha trabajado siempre. Y así seguirá trabajando: deteniéndose en los lugares donde tú y yo aceleramos el paso. Donde nosotros vemos "tránsito", Él ve corazones. Donde nosotros vemos "gente", Él ve nombres. Donde nosotros vemos "ruido", Él escucha un clamor.

«Y llegaron a Jericó». Es casi como si el Espíritu nos dijera: "Ya conoces este nombre, pero mira otra vez. No des por sentado lo que Dios quiere hacer en lugares donde tú crees que ya todo está dicho".

Porque hay Jericós externos y Jericós internos. Hay murallas hechas de piedra y murallas hechas de frases: "Así eres tú", "Así te quedaste", "De ahí no vas a salir". Y Jesús entra a Jericó, no solamente para cruzar una ciudad, sino para cruzar la barrera invisible que ha mantenido a un hombre en la orilla durante años.

LA CEGUERA NO SE EXPLICA: SE VIVE

La Biblia describe a Bartimeo con cuatro palabras: "Bartimeo, el ciego, hijo de Timeo". Qué fácil es escribir "el ciego". Pero qué difícil es vivirlo. Detrás de ese título hay años de adaptación, de duelo, de aprendizaje a golpes. Cuando predicamos esta historia, solemos correr: Jesús pasa, el hombre grita, Jesús lo sana, fin. Pero el milagro dura segundos. La realidad de vivir con una discapacidad dura años.

La Biblia no nos da detalles de su infancia, pero cualquiera que conozca un poco de la condición humana sabe que detrás de "el ciego" hay padres aprendiendo a soltar expectativas, hay una familia reorganizando la vida alrededor de una nueva realidad, hay preguntas que nadie se atreve a formular en voz alta:

"¿Por qué él?" "¿Podrá trabajar alguna vez?" "¿Qué podrá hacer cuando sea grande?"

Hay una madre tratando de explicarle al niño por qué no puede jugar como los demás, por qué se cae más, por qué necesita que lo guíen de la mano. Hay un padre levantándose en la madrugada preguntándose qué será de él el día en que él ya no esté. Hay un niño aprendiendo a caminar por texturas, no por colores. Hay frustración acumulada en pequeñas cosas que otros hacen sin pensar: correr, salir solos, leer, trabajar, tomar un transporte sin depender de nadie. En nuestra casa conocemos este mundo. No por teoría. No por documentales. Por vida.

Nuestro hijo mayor, Christian, es sordo y tiene visión limitada. Él vive solo, trabaja, se supera y se levanta cada día con valentía, pero su vida está llena de ajustes invisibles para muchos: transporte especial que hay que coordinar con anticipación, instrucciones en letra gigante para poder leerlas, comunicación por fotos y pizarras para evitar malentendidos, caminos memorizados, esquinas que se recorren con paciencia, procesos que para otros son automáticos, pero para él son proyectos que requieren planificación.

Yo he visto el cansancio que no se menciona, la soledad que nadie sabe traducir, la fuerza que se requiere para existir en un mundo que no fue diseñado para ti. He visto cómo se carga una mochila que no se nota en la espalda, pero que pesa en el alma.

Milka, como maestra de educación especial, ha acompañado a niños y familias en esas mismas luchas. Ha estado en reuniones donde se habla de diagnósticos con palabras difíciles, ha abrazado a madres que salen del salón con lágrimas mezcladas de amor y temor, ha visto a padres que se sienten culpables por cosas que no provocaron, ha escuchado a familias preguntarse si su hijo o hija "algún día será independiente".

Y sé que, si ella estuviera escribiendo este capítulo, te diría algo así: "Vivir con una discapacidad no es una debilidad espiritual. Vivir con una discapacidad no es un castigo. Vivir con una discapacidad no borra el llamado". No todos conocen ese dolor. Dios sí.

Por eso este capítulo necesita ser escrito así: humano, honesto, sin filtros, sin clichés religiosos. Porque la ceguera no se explica; se vive. Y el Dios de la Biblia no se mantiene lejos de esa realidad; se acerca, se detiene, pregunta, escucha, toca, llama.

SENTADO JUNTO AL CAMINO: LA ORILLA DONDE SE SIENTAN LOS INVISIBLES

La Biblia agrega un detalle pequeño, pero que me abrió los ojos:

«...estaba sentado junto al camino».

No dice: "en el camino". No dice: "entre la multitud". No dice: "caminando con ellos". Dice: "junto al camino". En la orilla. Donde se sientan los ignorados. Ese es el espacio donde viven muchos hoy: cerca de todo, pero perteneciendo a poco. Participando, pero sin integrar. Viviendo, pero al borde.

Las personas con impedimentos lo conocen bien. No solo es la limitación física; es la experiencia emocional de vivir al borde del sistema, del templo, de las conversaciones, de las oportunidades. Están lo suficientemente cerca para escuchar lo que pasa, pero no lo bastante dentro como para ser parte del diseño.

"Sentado junto al camino" no es una postura; es una herida.

Es sentirse fuera del flujo principal. Es ver cómo otros avanzan, hablan, se organizan, sirven, deciden, mientras tú esperas que alguien se acuerde de preguntarte algo tan simple como: "¿Quieres venir? ¿Puedes estar? ¿Qué necesitas?". Y Jesús llega ahí.

A ese lugar. A esa silla invisible. A ese borde donde el mundo deja a los que no entiende. Me conmueve saber que Jesús ve lo que la multitud no ve. Detiene su paso por el que está sentado en el borde. Las personas pueden acostumbrarse a ver a alguien en la misma esquina, día tras día, hasta que se vuelve parte del paisaje. Pero Jesús jamás convierte a nadie en paisaje; para Él cada persona es historia viva, es imagen de Dios, es alguien por quien vale la pena detener la agenda. Esas cosas dicen más de su corazón que cien milagros.

CUANDO NO VES, PERO OYES A DIOS ACERCARSE

El versículo continúa:

«Y oyendo que era Jesús de Nazaret…».

Bartimeo no vio a Jesús. No vio la multitud. No vio los rostros, ni el camino, ni las manos que lo empujaban. Pero oyó. Cuando no puedes ver, desarrollas otros sentidos. Cuando no puedes ver lo que viene, tu alma se vuelve sensible a lo que suena. Cuando los ojos no tienen muchas opciones, el oído aprende a filtrar, a distinguir, a discernir.

Hay personas que no ven bien el futuro, pero escuchan algo en su espíritu. Un rumor. Una esperanza. Un paso. A veces no sabes ponerlo en palabras, pero sientes que algo se mueve. Algo en tu interior dice: "No te rindas todavía. No es todo. No ha terminado".

La fe de Bartimeo empezó con un sonido. No con un sermón. No con una visión. Con un sonido. Y su corazón dijo: "Ese es Él".

Él no veía el rostro de Jesús, pero reconoció su nombre. No podía distinguir sus sandalias entre tantas, pero distinguió la noticia: "Es Jesús de Nazaret el que está pasando". Y eso bastó para encender algo que llevaba años esperando; una oportunidad para salir.

Me pregunto cuántas veces Jesús ha pasado cerca de nosotros, pero como tenemos los ojos ocupados, no lo escuchamos. Estamos mirando pantallas, cuentas, preocupaciones, estadísticas, diagnósticos, y el corazón se nos llena de imágenes, pero se nos vacía de escucha. La fe no siempre empieza viendo. A veces empieza oyendo.

"La fe es por el oír, y el oír, por la palabra de Dios".

(Romanos 10:17)

Bartimeo no tenía Biblia impresa, ni aplicaciones, ni notas de estudio, pero tenía algo: una convicción de que el nombre de Jesús no era un nombre cualquiera.

CUANDO SOLO TE QUEDA LA VOZ... Y ESO ES SUFICIENTE

«...*comenzó a dar voces...*».

Ese "comenzó" me rompe. Porque uno no empieza gritando de la nada; uno empieza a gritar cuando ya no puede quedarse callado más. Hay silencios que aguantan semanas. Hay silencios que aguantan años. Pero hay un momento en que el alma se desborda. No sé cómo sonaba su voz. Quizás ronca, quizá temblorosa, quizá desesperada. Pero sé que no era un grito elegante. Era un clamor.

Clamores así no nacen en la boca. Nacen en la herida.

«¡Jesús, Hijo de David, ten misericordia de mí!».

Mira su oración. No es sofisticada. No es larga. No tiene adornos. No hace una introducción, no explica su historia. No presenta credenciales, no justifica su pedido. No pide dinero. No pide lástima. No pide explicaciones. Pide misericordia.

Cuando has sufrido por años, sabes exactamente lo que necesitas: misericordia. Misericordia es: "No me des lo que merezco; dame lo que solo tu corazón puede dar". Misericordia es: "No se trata de quién soy yo, se trata de quién eres tú". Misericordia es: "Aunque todo me haya salido mal, yo sigo creyendo que tú eres bueno". Y eso es lo que Jesús sabe dar.

Hay oraciones que suenan perfectas, pero no mueven nada. Y, hay gritos que suenan desordenados, pero mueven el cielo.

Lo que mueve a Dios no es la gramática, es la verdad del corazón.

LA MULTITUD QUE MANDA CALLAR… Y EL JESÚS QUE MANDA LLAMAR

«Y muchos le reprendían para que callase…».

La multitud no odia a Bartimeo. No lo quiere mal. Solo quiere orden. Quieren su servicio tranquilo. Quieren su procesión bonita. Quieren su paseo sin interrupciones. No entienden que los gritos de Bartimeo no son desorden, son fe desesperada.

A veces la religión hace eso: confunde dolor con interrupción. Confunde necesidad con molestia. Confunde grito con irreverencia. Las personas que nunca han tenido que gritar para ser escuchadas, no entienden lo que es vivir pidiendo permiso hasta para existir.

Pero el texto dice: «…pero él clamaba mucho más…». Cuando la vida te ha quitado tanto, no te puedes permitir que también te quiten tu voz. Quizá ya te quedaste sin fuerzas, sin dinero, sin recursos, sin explicaciones, sin respuestas. Pero todavía tienes voz. Y mientras tengas voz, tienes algo con qué responderle a Dios.

Y entonces ocurre lo que define este capítulo: «Jesús, deteniéndose… mandó llamarle». Hay muchas cosas que no sé del cielo. Pero sé esto: el grito sincero no se pierde en el aire. Siempre llega al corazón de Dios.

Y cuando Dios se detiene, todo cambia. Donde la multitud ve ruido, Jesús escucha fe. Donde otros ven molestia, Él ve hambre de encuentro. Donde algunos piden silencio, Él ordena: "Llámenlo".

Es el contraste de toda la historia; la gente dice: "Calla". Jesús dice: "Ven".

Arrojando su capa: El acto que define un llamado

«Y él, arrojando su capa, se levantó y vino a Jesús».

Cada palabra importa. "Arrojando": no la dobló con calma, no la guardó para después, no la puso a un lado cuidadosamente. La tiró. La soltó con urgencia, con prisa, con decisión. "La capa": no era un accesorio. Era su vida. Era su cama, su abrigo, su salario, su identidad de "mendigo ciego".

Con esa capa recogía monedas que la gente dejaba caer. Con esa capa se protegía del frío de la noche. Con esa capa se hacía espacio en el suelo para sentarse. Esa tela decía: "Aquí hay alguien que depende de la limosna para seguir viviendo".

Arrojarla era decir: "No voy a encontrar mi futuro donde encontré mi pasado". Arrojarla era fe.

No fe bonita. Fe práctica. Fe arriesgada. Fe de alguien que sabe que, si Jesús lo llama, no lo dejará igual. Hay capas que hoy también debemos arrojar: no de tela, pero sí de significado.

La capa de "no puedo". La capa de "soy una carga". La capa de "nadie me ve". La capa de "siempre estaré al borde". La capa de "Dios tiene planes para otros, no para mí".

Jesús llama. La capa cae. El camino comienza. Cuando decides soltar lo que te daba una especie de "seguridad triste" —esa identidad de víctima, de invisible, de "así soy y así me quedo"—, te colocas en posición para descubrir que Dios tiene una nueva manera de nombrarte.

LA PREGUNTA QUE DA DIGNIDAD

«¿Qué quieres que te haga?».

No puedo leer esa pregunta sin sentir un nudo en la garganta. Jesús no dijo: "Yo sé lo que necesitas". "Yo decido por ti". "Yo determino cómo ayudarte". Jesús dijo: "Dime tú".

¿Sabes lo revolucionario que es eso? Un mundo que siempre decide por las personas con impedimentos ahora tiene a un Mesías preguntando: "¿Qué quieres?". Jesús no solo sana. Jesús dignifica. Él no habla "por encima" de la discapacidad. Él habla al corazón.

Por eso, esta pregunta no es retórica: es restauradora. Con esa pregunta, Jesús le devuelve a Bartimeo algo que la vida le había ido arrebatando poco a poco: la capacidad de desear, de elegir, de nombrar su propio anhelo.

La discapacidad no solo afecta el cuerpo, también golpea el deseo. A veces mata los sueños. A veces convence al corazón de que es "mejor no querer demasiado, para no sufrir demasiado". Jesús viene y rompe esa mentira con una frase:

"¿Qué quieres que te haga?"

SEÑOR, QUE RECUPERE LA VISTA

«Maestro, que recobre la vista».

Bartimeo no pidió monedas. Pidió lo imposible. Pidió volver a ver. Era un deseo grande. Un deseo profundo. Un deseo que había guardado por años. Dios ama los deseos guardados. Los que duelen. Los que parecen demasiado grandes. Los que solo se confiesan cuando Él pregunta.

"Que recobre la vista". No dice: "dame algo nuevo que nunca tuve". Dice: "devuélveme lo que un día fue mío".

Hay personas que nacieron viendo y un día dejaron de ver. Hay quienes caminaban con libertad y un día dejaron de hacerlo. Hay quienes escuchaban claramente y un día el sonido comenzó a desvanecerse. Pedir que te devuelvan lo que perdiste duele. Porque al decirlo, reconoces cuánto lo extrañas.

Pero Jesús no reprende esa petición. No le dice: "Con que puedas sobrevivir basta". No le dice: "No seas exagerado". No le dice: "Con una limosna es suficiente". Jesús escucha ese deseo inmenso, y en vez de reducirlo, lo honra.

CUANDO DIOS ABRE LOS OJOS, TE ABRE EL CAMINO

«Y Jesús le dijo: Vete, tu fe te ha salvado. Y luego vio, y le seguía en el camino».

La frase es corta, pero llena de capas. "Vete, tu fe te ha

salvado". La fe no se vio cuando estaba sentado, ni cuando estaba callado, sino cuando se atrevió a gritar, a resistir, a levantarse, a soltar la capa, a pedir algo grande.

"Y luego vio". Los ojos se abren. La oscuridad se rompe. El mundo, que antes eran solo sonidos y sombras, ahora se llena de formas, rostros, colores. Pero el versículo no termina ahí. Porque el milagro no termina en la vista.

«...y le seguía en el camino».

No se fue a celebrarlo. No se fue a contarlo. No se fue al mercado. No se fue a probar todo lo que ahora podía hacer. Se fue detrás de Jesús. Su vista no solo fue restaurada; su camino fue redefinido.

El milagro lo sacó de la orilla y lo colocó en la historia. Eso hace Dios, pone en el camino a quienes el mundo sienta en la orilla. Cuando Dios te abre los ojos, no es solo para que veas mejor, es para que camines diferente.

UN LLAMADO PARA QUIENES VIVEN LIMITACIONES

Si vives con una discapacidad, o si amas a alguien que la tiene, escucha esto: Dios no te mira como "el ciego", como "la limitada", como "el que necesita ayuda". Dios te mira como alguien llamado. Alguien necesario. Alguien valioso. Alguien con propósito.

Tu condición no cancela tu llamado. Tu dolor no borra tu propósito. Tu limitación no invalida tu valor. Hay caminos que solo tú puedes caminar porque ves la vida de una forma que otros no ven.

Hay personas que solo tú podrás abrazar de cierto modo, porque has sentido en tu propia carne lo que es ser incomprendido. Hay conversaciones que solo tú podrás tener, porque tus cicatrices hablarán un idioma que otros no entienden.

No eres un accidente. Eres un diseño.

Hay un versículo que a muchos les incomoda, pero a quienes vivimos de cerca la discapacidad nos confronta y nos consuela a la vez. Cuando Moisés le puso excusas a Dios por su dificultad para hablar, el Señor le respondió:

> *"¿Quién dio la boca al hombre? ¿Quién hizo al mudo y al sordo, al que ve y al ciego? ¿No soy yo Jehová?"*
>
> *(Éxodo 4:11)*

Dios no está diciendo: "Te lastimé por gusto". Está diciendo: "Aún aquello que el mundo llama limitación, yo lo veo, lo conozco y lo envuelvo en mi soberanía".

Más adelante, cuando los discípulos le preguntan a Jesús quién pecó para que un hombre naciera ciego —si él o sus padres—, Jesús responde:

> *"Ni él pecó, ni sus padres, sino para que las obras de Dios se manifiesten en él".*
>
> *(Juan 9:3)*

NO ES CASTIGO. NO ES MALDICIÓN. NO ES EL "PLAN B" DE DIOS.

No solo la Biblia lo dice; también se escucha en la voz de muchos hoy. En un *post*, Hayden Daum, un *influencer* sordo, escribió: "Dios no me hizo sordo para callarme ni silenciarme, sino para que otros puedan conocerle y para que su gloria sea vista en mí y a través de mí". Contaba que antes pensaba que su sordera era una barrera para compartir el evangelio, pero con el tiempo entendió que es un puente: la manera en que Dios lo conecta con las personas. "He sido llamado a alcanzar a otros —decía— y muchas veces el testimonio más fuerte nace de la voz más silenciosa. Yo aprendí a escuchar a Dios no por el sonido, sino por la rendición del corazón".

¡Qué declaración tan poderosa! La discapacidad no es un muro que impide que Dios obre; es un escenario donde su gloria puede brillar de maneras que otros no entienden. Puede que tu cuerpo tenga límites claros, pero tu espíritu no está encadenado a ese diagnóstico.

Dios no te ve como un "caso" que la iglesia tiene que manejar. Te ve como parte del cuerpo, como miembro necesario, como alguien en quien Él quiere mostrar su gloria.

A LOS PADRES, MADRES Y FAMILIARES QUE CARGAN MÁS DE LO QUE CUENTAN

Este capítulo también es para ustedes. Sé lo que es amar a alguien que necesita más ayuda. Sé lo que es llenar formularios, citas médicas, terapias, adaptaciones, escuelas, evaluaciones, decisiones complicadas. Sé lo que es acostarse preocupado y levantarse con fe.

Hay noches en que el cuerpo está en la cama, pero la mente sigue despierta:

"¿Estará bien?", "¿Hice todo lo que podía?", "¿Qué pasará cuando yo no esté?".

Dios te ve. Dios te sostiene. Dios te guarda. Dios camina contigo.

La pregunta de Jesús —"¿Qué quieres que te haga?"— también es para ti: —Señor, dame fuerzas. —Dame paciencia. —Dame sabiduría. —Dame descanso. —Dale futuro a mi hijo. —Rodéalo de personas que lo amen.

Él no te juzga por sentir cansancio. No te condena por llorar en el baño. No te regaña porque a veces sientes miedo. Él te mira con ternura y se detiene por ti también.

En medio de tus preocupaciones, Él te dice:

"No estás criando a esta vida solo. Yo estoy aquí. Yo soy Dios de pactos, Dios de generaciones, Dios que ve el final desde el principio".

A LOS QUE DIOS HA LLAMADO A SERVIR A PERSONAS CON LIMITACIONES

Este capítulo es un llamado para ti: maestros, terapeutas, voluntarios, líderes, pastores, compañeros, amigos, jefes. Tal vez tú no tienes una discapacidad, pero Dios te puso al lado de alguien que sí la tiene.

No subestimes el valor de tu trabajo. No subestimes el poder de tu paciencia. No subestimes el impacto de tus detalles. Jesús no enseñó sobre inclusión. Él la encarnó.

Se detuvo. Escuchó. Llamó. Preguntó. Tocó. Y tú, cada vez que haces espacio, cada vez que adaptas, cada vez que explicas, cada vez que acompañas, cada vez que decides ir más lento para ir al paso del otro, te pareces a Él. Tu ministerio no siempre tendrá micrófono, pero tiene cielo mirando.

Cada vez que decides ver a alguien que otros pasan por alto, es como si Jesús volviera a detenerse en Jericó a través de ti.

En muchas partes del mundo, millones de personas sordas nunca han tenido acceso claro al evangelio en su propia lengua de señas. No es que hayan rechazado a Jesús; es que nadie se los ha podido explicar de una forma comprensible. Eso no es un detallito técnico. Es una urgencia del Reino.

Cuando una iglesia dice: "No podemos pagar un intérprete", "no pensamos en eso", "no tenemos espacio para ellos", tal vez no lo dice con mala intención, pero el mensaje que muchos reciben es: "No eres tan importante. No vale la pena hacer el esfuerzo por ti". Y eso hiere más de lo que imaginamos.

Dios, en cambio, ve a una persona sorda o ciega y piensa: "Si los capacitas, si los incluyes, si sirves con ellos... ellos alcanzarán a otros que tú nunca podrás tocar".

Hay algo más que debo decirte si sirves —o sientes el deseo de servir— a personas con limitaciones: esa inquietud no nace de ti; es el Espíritu Santo susurrándote que des un paso. A veces no sabes por dónde empezar, o sientes que te queda grande, o te preguntas si tendrás paciencia, creatividad o recursos. Escúchame bien: obedecer es suficiente. Cuando das el primer paso, Dios abre los demás. Él te dará la creatividad para inventar lo que no existe, la sabiduría para adaptar lo que ya está creado y la gracia para implementar lo que parecía imposible. No importa si el camino parece cuesta arriba; en este llamado, la disposición pesa más que la capacidad. Si tu corazón está disponible, Dios se encargará del resto.

Y recuerda: no se trata de hacer todo por ellos, sino de caminar con ellos, servir junto a ellos y reconocer que también han sido llamados a hacer discípulos.

LA CEGUERA QUE TODOS TENEMOS

Toda la Biblia está llena de señales de que Dios ve, ama y llama a quienes tienen limitaciones: «Entonces los ojos de los ciegos serán abiertos, y los oídos de los sordos se abrirán» *(Isaías 35:5)*; Jesús sanando a un sordo y mudo *(Marcos 7:31–37)*; invitando a "cojos, mancos, ciegos" a su banquete *(Lucas 14:13)*. El mensaje es claro: ellos siempre han estado en el corazón de Dios.

No todos somos ciegos físicamente. Pero todos tenemos áreas donde no vemos:

no vemos nuestro pecado, valor, necesidad, el dolor ajeno, ni lo que Dios quiere hacer.

La historia de Bartimeo nos recuerda que la ceguera más peligrosa no es la de los ojos, sino la del alma. Puedes tener una visión perfecta y un corazón endurecido. Puedes leer la Biblia y no dejar que te lea a ti. Puedes ver a la gente, pero no ver su dolor.

Jesús, al abrir los ojos de Bartimeo, nos está invitando a pedir lo mismo, aunque veamos físicamente:

"Señor, abre mis ojos". "Abre mis ojos para ver mi necesidad de ti". "Abre mis ojos para ver el valor de otros". "Abre mis ojos para ver a quienes están sentados junto al camino".

Y a todos —todos— Jesús les pregunta:

"¿Qué quieres que te haga?".

RESPONDE... ÉL YA SE DETUVO

Bartimeo gritó. La multitud lo quiso callar. Jesús se detuvo. Y su vida cambió para siempre. El mismo Jesús pasa hoy por tu Jericó.

No importa si estás en la orilla. No importa si te sientes

invisible. No importa si otros no entienden tu lucha. No importa si llevas años sentado junto al camino. Él se detiene. Él manda llamarte. Él pregunta.

Y ahora te toca responder.

¿Qué quieres que Él haga por ti?

Sea lo que sea… pídeselo.

Él ya está frente a ti.

ORACIÓN

Señor Jesús, Tú que te detuviste en Jericó y escuchaste el clamor de un hombre sentado a la orilla, detente también hoy en nuestro camino. Abre nuestros oídos para escucharte, abre nuestros ojos para verte, abre nuestro corazón para responderte.

Te presentamos a cada persona que vive con una limitación, a cada familia que acompaña con amor y cansancio, y a cada servidor que has llamado a caminar junto a ellos. Dales nuevas fuerzas, sabiduría que sorprenda, creatividad que transforme, y paz que sostenga.

Restaura los corazones cansados, devuelve la esperanza perdida, y redime cada área donde hemos vivido en la orilla. Pregúntanos una vez más, Señor: "¿Qué quieres que te haga?". Y danos la valentía para responderte con fe.

Que tu luz abra nuestros ojos, que tu amor abra nuestros caminos, y que tu gracia nos enseñe a ver como tú ves.

En tu nombre poderoso, Jesús. Amén.

CAPÍTULO 12

¿NO PUDISTE VELAR CONMIGO?

EL LLAMADO ETERNO DEL MAESTRO: 'QUÉDATE CONMIGO'

PEDRO, JACOBO Y JUAN

GETSEMANÍ:
DONDE LA NOCHE VE A DIOS ARRODILLADO

Si Jerusalén dormía, Getsemaní estaba despierto. Los árboles crujían suavemente con el viento; las ramas proyectaban sombras largas sobre la tierra; la luna caía como un reflejo pálido sobre las rocas. Allí, en ese huerto silencioso, se escuchaban pasos lentos, y luego un suspiro que no parecía humano. Era Jesús.

No escogió ese lugar por casualidad. Getsemaní, "prensa de aceite", era el sitio donde la aceituna se partía, donde era triturada entre piedras para soltar lo mejor que llevaba por dentro. Allí, lo ordinario se volvía precioso. Allí lo roto se volvía aceite.

Y esa noche, el aceite no caía de aceitunas: caía de un corazón que estaba siendo exprimido.

El Monte de los Olivos ya tenía memoria:

– David lloró allí cuando su propio hijo lo traicionó.

– Allí la gloria de Dios se detuvo antes de dejar el templo.

– Zacarías profetizó que allí volverían a posarse los pies del Mesías cuando Él regresara.

Jesús conocía cada historia. Y, aun así, eligió ese suelo para arrodillarse. Mientras Jerusalén dormía, el cielo observaba. El Hijo del Dios vivo, temblando, sudando como sangre, inclinándose hasta el piso en la noche más oscura de la historia.

Ese huerto sigue hablando hoy: la intimidad verdadera no ocurre en escenarios de aplauso, sino donde nadie te mira, excepto Dios.

Y, sin embargo, ese escenario silencioso está lleno de sonidos que la humanidad necesita oír. El roce del manto contra el suelo, los gemidos que se pierden entre las ramas, el peso del aliento sobre la tierra que Él mismo creó. Cada detalle de esa noche grita un mensaje: Dios se hizo tan humano que lloró, y es allí, en la oscuridad de nuestros propios Getsemaní, donde podemos encontrar su corazón latiendo por nosotros.

EL CORAZÓN PRENSADO: CUANDO LO DIVINO Y LO HUMANO CHOCAN

Si Getsemaní es una prensa, Jesús fue la aceituna. No por debilidad. Sino por amor.

Él mismo dijo:

> *"Mi alma está muy triste, hasta la muerte…"*
> *(Mateo 26:38)*

Qué frase tan humana, tan vulnerable, tan honesta. El Hijo eterno hablando en el idioma del dolor. Aquí no hay tronos. No hay multitudes. No hay milagros. No hay panes multiplicándose. No hay demonios huyendo. No hay maestros de la ley tratando de atraparlo.

Solo hay lágrimas. Y un susurro: *"Padre, si es posible…"* (*Mateo 26:39*). Jesús estaba expresando lo que tú expresas cuando dices: "Señor, ya no puedo". "Señor, esto pesa". "Señor, ayúdame".

Getsemaní nos enseña que conocer a Dios no te libra de la agonía; te acompaña en ella. Jesús no estaba haciendo un show espiritual. Estaba derramando su alma.

Por eso ese lugar es tan especial: es el punto exacto donde lo divino quiso sentirse humano para que lo humano pudiera acercarse a lo divino.

Y este choque entre lo divino y lo humano no fue una tragedia accidental, sino la más intensa manifestación de amor. Fue el amor lo que lo llevó a ese lugar, no el deber. Fue el amor lo que lo mantuvo allí, aunque la tierra temblaba bajo el peso de su decisión. La prensa exprimía su corazón y lo que salía no era desesperación, sino una mezcla sagrada de dolor y obediencia que impregnaría la historia de la humanidad con el perfume del sacrificio.

EL PEDIDO MÁS HUMANO DE JESÚS: "QUÉDATE CONMIGO"

Cristo pudo haber dicho cualquier cosa. Pudo haber dado una instrucción. Pudo haber predicado. Pudo haber enseñado una parábola. Pudo haber pedido un milagro del cielo.

Pero no. Pidió algo tan sencillo, tan humano, tan tierno, que parte el alma: "Velad conmigo".

Conmigo. Con mi dolor. Con mi tristeza. Con mi carga. Con mi noche.

No pidió: "Velad por la misión". "Velad por la Iglesia". "Velad por el ministerio".

Pidió: "¿Puedes estar conmigo?". No hay frase más íntima en los evangelios. Jesús no estaba buscando personas fuertes; estaba buscando amigos presentes.

Ese sigue siendo su deseo hoy. Él te pide compañía. No tu predicación. No tu agenda. No tu rendimiento. No tu perfección. Solo tu presencia. Un "aquí estoy".

A veces pensamos que intimidad con Dios es orar fuerte, hablar bonito, decir frases largas. Pero Getsemaní nos muestra lo contrario; intimidad es sentarte cerca mientras Él suspira.

Y es que, cuando nos pide que nos quedemos con Él, no busca

palabras elaboradas, sino un corazón abierto. Nos invita a participar de sus momentos más vulnerables para mostrarnos que la relación con Él está sustentada en el amor compartido, en el consuelo silencioso, en la cercanía que no tiene miedo de mirar a los ojos del dolor y seguir allí. Aquella petición sencilla sigue resonando en nuestros corazones: "¿Te quedarías conmigo?". Y no es un deber, sino un privilegio: ser compañeros del Hijo de Dios cuando su humanidad se expresa con mayor intensidad.

EL SUEÑO QUE REVELA DISTANCIA: CUANDO LA FE CABECEA

No siempre nos dormimos por cansancio. A veces nos dormimos porque nos alejamos sin darnos cuenta. Los discípulos estaban a pasos de Jesús, pero dormidos. Y Jesús, a pasos de ellos, pero despierto. El sueño no es un pecado. Es un síntoma.

Es el alma diciendo: "Estoy abrumada". "Estoy triste". "Estoy saturada". "Ya no tengo fuerzas". El evangelio dice que ellos estaban llenos de tristeza. Y la tristeza no solo hace llorar: hace dormir. A veces te duermes no porque estás cansado físicamente, sino porque tu corazón está exhausto emocionalmente.

Jesús no regaña a los discípulos. No los abandona. No les dice que fallaron como amigos. Solo pregunta… con una ternura que desarma: "¿No pudiste velar conmigo ni una hora?".

Y detrás de esa pregunta hay otra más suave: "¿Me sigues amando lo suficiente como para quedarte cerca? ¿Todavía quieres estar en mi corazón?".

Porque la distancia espiritual no se revela con gritos. Se revela con bostezos.

¿No te ha pasado que estás físicamente presente en los compromisos espirituales, pero tu mente y tu corazón están lejos? El sueño de los discípulos es un espejo de nuestras distracciones: podemos estar cerca de Jesús con nuestros cuerpos, pero lejos con nuestra atención. El cuerpo se sienta en la silla de la iglesia, pero la mente está en los pendientes de la semana, en la pantalla del teléfono o en las preocupaciones. El corazón puede estar dormido mientras cantamos canciones.

Y Jesús, en esa dulzura que lo caracteriza, nos mira y nos hace esa pregunta que es diagnóstico y abrazo al mismo tiempo: "¿No pudiste velar conmigo ni una hora?". No te está avergonzando; te está despertando. Quiere que veas que cada bostezo espiritual es una llamada de atención para regresar, para reconectar, para recordar porqué sigues a Aquel que derramó su vida por ti. Cada vez que tu fe cabecea, Él te toca el hombro y te susurra: "Despiértate, todavía estoy aquí".

BUSCARLO MIENTRAS PUEDE SER HALLADO: LA OPORTUNIDAD DEL AHORA

La Biblia no dice: "Busquen a Dios cuando tengan ganas". Ni: "Búsquenlo cuando estén en una buena temporada". Dice:

"Buscad al Señor mientras puede ser hallado…"

(Isaías 55:6)

Hay ventanas de oportunidad. Momentos donde el corazón está más blando. Momentos donde el Espíritu susurra más cerca. Momentos donde Dios dice: "Ven... ahora".

No porque Él se esconda, sino porque el corazón humano aprende a postergar la respuesta.

Se pospone la oración.

Se pospone la rendición.

Se pospone el tiempo a solas con Dios.

Se pospone el obedecer lo que ya fue claro. Muchos cristianos sirven a Dios, pero no pasan tiempo con Él. Muchos hablan de Dios, pero ya no le hablan a Él. Muchos están cerca del ambiente, pero lejos de la intimidad.

Jesús sigue llamando: "No lo dejes para mañana. No esperes a estar listo. No esperes a estar fuerte. Búscame mientras me dejo encontrar".

La intimidad comienza con un sí, aunque sea débil. Aunque sea cansado. Aunque sea entre lágrimas. Pero empieza.

Porque si bien la gracia de Dios es abundante, el corazón humano se acostumbra. La indiferencia espiritual no siempre se manifiesta como pecado abierto, sino como un letargo que apaga el primer amor. Por eso, la invitación a buscarlo "mientras se deja encontrar" es, a la vez, un acto de misericordia divina y un llamado urgente. Dios siempre está dispuesto a recibirnos, pero nuestro tiempo de respuesta puede determinar cuánta agua viva bebemos y cuán profundamente nos sacia.

En la cultura del aplazamiento constante, donde todo parece aplazable, Jesús interrumpe con un "ahora". No porque sea un capricho divino, sino porque el "hoy" tiene un poder que el "mañana" no tiene. Hoy puedes volver a enamorarte.

Hoy puedes recuperar la sensibilidad que la rutina robó. Hoy puedes escuchar lo que antes oías con claridad.

No pospongas lo que el Espíritu está despertando en tu corazón. Porque la ventana que está abierta en esta temporada puede que no esté abierta con la misma intensidad en otra. No porque Dios la cierre, sino porque tú podrías no tener la misma hambre, sed y desesperación.

EL CÍRCULO ÍNTIMO: ¿POR QUÉ SOLO PEDRO, JACOBO Y JUAN?

Jesús tenía doce discípulos, pero tres vivían más cerca de su corazón.

En la resurrección de la hija de Jairo solo los llevó a ellos tres.

En la transfiguración solo ellos vieron su gloria.

En Getsemaní solo ellos estuvieron lo bastante cerca como para escuchar su alma temblar.

¿Por qué ellos? La Biblia no da una razón explícita, pero da pistas.

1. **Eran los primeros llamados.** Ellos estuvieron con Jesús desde el principio.

2. **Tenían personalidades intensas:** Pedro era impulsivo, Jacobo y Juan eran "hijos del trueno". Tres volcanes emocionales. Tres llamas vivas que necesitaban dirección.

3. **Tenían futuros distintos y cruciales,** Pedro sería la voz de la iglesia naciente. Jacobo, el primer mártir. Juan, el último testigo.

Tres destinos diferentes, pero los tres necesitaban un corazón afinado. Jesús no forma líderes desde la distancia. Los forma desde la cercanía. Por eso los llamó más adentro.

El círculo de tres no era un club exclusivo, sino un laboratorio de transformación. Jesús, el Maestro sabio, sabía que esos tres necesitaban más pulido, más amor, más corrección, más cercanía. Y también sabía que esos tres eran los que necesitarían un corazón preparado para sostener la iglesia que nacería en Pentecostés. Pedro necesitaría recordar el rostro del Maestro que sudó sangre cuando él mismo se enfrentara al martirio. Jacobo tendría que llevar consigo la memoria de Jesús arrodillado mientras enfrentaba la espada de Herodes. Y Juan necesitaría el recuerdo del corazón de su Maestro cuando escribiera la carta de amor más intensa de las Escrituras: *"Hijitos míos, no amemos de palabra ni de lengua, sino de hecho y en verdad"* (1 Juan 3:18).

Jesús no les dio un privilegio. Les dio un peso. Ser del círculo íntimo no fue un premio; fue un llamado a morir más, a servir más, a amar más profundamente. Y eso es lo que significa intimidad con Dios: te da acceso a su corazón, pero también te pide que abras el tuyo para ser transformado y convertirte en un instrumento más puro.

LO QUE JESÚS FORMÓ EN ELLOS...
Y LO QUE QUIERE FORMAR EN TI

A veces creemos que Dios nos llama por nuestras capacidades. Pero en Getsemaní se revela algo distinto: Dios llama por intimidad, no por talento.

Jesús quería que ellos vieran tres cosas:
1. **Su vulnerabilidad.** El Maestro lloraba frente a ellos. Esa imagen los perseguiría por el resto de sus vidas. Jamás

volverían a predicar sin recordar que Dios, hecho hombre, también sudó como gotas de sangre.

2. **Su rendición.** Ellos escucharon la oración más peligrosa del mundo: *"...No se haga mi voluntad, sino la tuya" (Lucas 22:42)*. ¿Quieres propósito? Empieza ahí. Esa es la frase que abre puertas cerradas y que cierra caminos equivocados.

3. **Su perseverancia.** Jesús volvió tres veces a orar. Tres veces se inclinó. Tres veces habló con su Padre. Él perseveró en la presencia para enseñarles que la fuerza verdadera no viene de evitar la presión, sino de rendirse bajo ella.

Y ahora te pregunta a ti: ¿Quieres ser de los tres? ¿Quieres ser del círculo que escucha sus suspiros? ¿Quieres caminar tan cerca que puedas sentir su dolor y su gozo?

La intimidad no se hereda. Se busca.

Para formar a un discípulo, Dios no le da primero un mapa, sino un espejo. Quiere que nos veamos reflejados en la vulnerabilidad de Jesús y comprendamos que rendirse no es una renuncia cobarde, sino un acto de confianza radical. La perseverancia no es insistir en nuestra voluntad, sino insistir en permanecer en la suya. Jesús los llevaba cerca para que experimentaran esas verdades de primera mano. La vulnerabilidad de Dios frente a ellos no fue un accidente; fue un modelo.

Cuando te acercas a Dios, Él no te esconde su humanidad en Jesús. Te muestra un corazón que se quebranta por el pecado, que se duele por la incredulidad, que sangra por la humanidad. Te muestra que el verdadero liderazgo no se construye en plataformas, sino en suelos de oración impregnados de lágrimas. Te enseña que la obediencia es una decisión renovada, no una emoción pasajera. Te muestra que perseverar en la presencia no es monotonía, sino respiración para el alma.

Él quiere formar en ti la capacidad de llorar con los que lloran y de luchar por los que no pueden. Quiere que seas alguien que se rinde al plan divino aun cuando ese plan implique noches oscuras. Quiere que, como Pedro, Jacobo y Juan, lleves un recuerdo tan vívido de su rostro en agonía que no puedas nunca convertir el ministerio en un negocio, la predicación en un espectáculo, la adoración en un trámite.

CUANDO DIOS TE INVITA A SU CORAZÓN: REVELACIÓN, DESCANSO Y OÍDO ABIERTO

Dios llama a muchos. Pero abre su corazón solo a los que se acercan.

Él te ofrece tres regalos que solo existen en la intimidad:
1. **Descanso.** "Venid a mí los cansados…". No es un colchón. Es su pecho. Hay heridas que no se curan con consejos, sino con compañía.

2. **Dirección.** "Te enseñaré el camino…". La voluntad de Dios no llega por *Google* o *ChatGPT*. Llega en conversaciones íntimas. Llega en susurros. Llega cuando dices: "Señor, háblame… me quedo a escucharte".

3. **Revelación.** "Cosas grandes y ocultas…". Dios no se calla. Habla. Revela. Susurra. Advierte. Promete. Confía secretos a quienes se quedan despiertos con Él.

La intimidad no es un lujo espiritual. Es supervivencia del alma.

Porque la revelación no es solamente información; es transformación. Descubrir lo que Dios quiere decirte tiene el poder de romper cadenas de dudas, de reajustar destinos, de dar sentidos a temporadas aparentemente sin significado. El descanso no es la ausencia de problemas; es la presencia de Dios en medio de ellos. La dirección no es una ruta trazada sin retos; es un camino acompañado por Aquel que sabe exactamente adónde va y por qué.

En la cultura de la productividad, donde medimos el valor por lo que hacemos, Jesús te ofrece un espacio donde el valor se recibe por lo que eres: su hijo, su hija, su amigo. Allí te enseña a descansar como acto de fe, te instruye en secreto sobre decisiones cruciales, y te revela lo que está escondido no para presumir sabiduría, sino para caminar en obediencia.

CUANDO HAS VISTO MILAGROS, PERO ÉL TE PIDE OTRA COSA: CERCANÍA.

Pedro, Jacobo y Juan habían visto:

- demonios salir,

- panes multiplicarse,

- muertos levantarse,

- tormentas callarse,

- una niña abrir los ojos,

- el rostro de Jesús resplandecer.

Habían visto lo que cualquier predicador sueña ver en una vida entera. Y aun así… en la noche más importante no les pidió que hicieran un milagro. Les pidió que estuvieran.

Porque hay un tipo de fe que no se desarrolla viendo milagros,

sino viendo lágrimas.

Y hay un tipo de llamado que no nace en el aplauso,

sino en la intimidad silenciosa.

Jesús te pregunta hoy: ¿No te basta lo que yo puedo hacer? ¿Quieres conocer quién soy?

¿Quieres estar conmigo aun cuando no hago nada espectacular?

Esa es la prueba de los íntimos. Esa es la profundidad de los llamados. Esa es la esencia de Getsemaní.

Muchas veces pedimos señales, prodigios y respuestas externas, cuando lo que Jesús desea es que permanezcamos con Él en sus silencios. Los milagros son importantes y son señales de su poder, pero la intimidad con Él es el objetivo más elevado. Cuando has visto lo sobrenatural, tu fe se fortalece, pero cuando te quedas con Él sin ver, tu corazón se entrelaza con el suyo. Es allí donde aprendes a confiar en su carácter más allá de sus actos, a amar su presencia más allá de su poder, a valorar su silencio tanto como su voz estruendosa.

Conocer a Jesús no es una agenda de eventos espectaculares, sino un caminar diario donde la mayor revelación puede ser un susurro en el corazón. En Getsemaní, Jesús no hizo ningún prodigio; lloró. Y en ese llanto se reveló la dimensión más profunda de su amor. ¿Amas a Jesús solo por lo que hace o también por quién es cuando no hace nada? Esa es una pregunta que define intimidades. La cercanía que Él busca no se forma en actos públicos, sino en noches de silencio y lágrimas compartidas.

"¿NO PUDISTE VELAR CONMIGO?" APLICADO A TU VIDA HOY

Léela otra vez. Despacio. Como si Jesús te la dijera con la mano en el hombro: "¿No pudiste velar conmigo?". No te está diciendo: "¿No pudiste estar toda una media vigilia?". Ni: "¿No pudiste ser perfecto?". Ni: "¿No pudiste dar más rendimiento?".

Te está diciendo: "¿No pudiste quedarte cerca? ¿No pudiste hablar conmigo? ¿No pudiste acompañarme en mi corazón?".

Velar con Jesús hoy significa:
Apagar el ruido para escuchar su voz.
Quitar las máscaras espirituales.
Mostrarle tu cansancio real.

Decirle la verdad: "Señor, te extraño". "Señor, me dormí". "Señor, despiértame".

Porque tus sueños espirituales no se activan desde el desempeño, sino desde la cercanía. Tu llamado no se enciende desde el talento, sino desde el pecho donde descansaste. Tus promesas no se cumplen desde la actividad, sino desde la intimidad. Getsemaní no es un lugar para los fuertes. Es un lugar para los sinceros.

Y esta invitación tiene que resonar en tu presente diario. ¿Dónde estás durmiendo espiritualmente? ¿En qué áreas has dejado de estar atento a la voz del Maestro porque las ocupaciones, la rutina o incluso el cansancio espiritual te han arrullado? Este llamado de Jesús no es un regaño, sino un recordatorio amoroso de que, al final, lo único que sostiene tu vida, tu ministerio, tu llamado, tus sueños, tus promesas, es tu capacidad de quedarte despierto junto a Él.

No se trata de cuántos eventos organizas, cuántas campañas lideras, cuántas personas impactas. Se trata de cuán profundamente conoces su voz. De cuán sensible eres a sus susurros. De cuán disponible estás a sus silencios. Velar con Él hoy es decirle: "No quiero perderme tu suspiro porque estoy ocupado en mi agenda espiritual". Es confesar: "No quiero más ruido que apague tu canción sobre mí". Y es asumir: "No quiero otro logro que me arranque de tu presencia". Velar es renunciar a lo urgente para abrazar lo importante.

ORACIÓN: AQUÍ QUIERO VELAR CONTIGO

Señor Jesús, gracias por ese huerto donde tus lágrimas se mezclaron con la tierra.

Gracias por invitarme a velar contigo cuando tú mismo estabas temblando.

Hoy reconozco que muchas veces me he dormido a pasos de tu presencia. A veces por tristeza. A veces por cansancio. A veces por no saber cómo acercarme.
Pero aquí estoy. No vengo con palabras perfectas. Vengo con el corazón despierto. Vengo porque te necesito, y porque te extraño.

Enséñame a buscarte mientras te dejas encontrar. Enséñame a velar no por obligación, sino por amor.
Hazme sentir tu corazón. Muéstrame tus secretos. Dirige mis pasos. Despierta mi alma.

¿NO PUDISTE VELAR CONMIGO?

Que yo sea uno de los que se quedará contigo, aunque se me cierren los ojos, aunque me tiemble el alma, aunque me cueste.

Que mi alma aprenda que velar contigo es el mayor honor que puede tener un ser humano: el honor de conocer tu sufrimiento y tu gloria, de participar de tus lágrimas y de tu risa, de abrazar tu silencio y tus canciones. Ayúdame a dejar de posponer la intimidad contigo. Ayúdame a anhelar más tu presencia que tus dones. Haz de mi corazón un Getsemaní donde se exprima el aceite de mi amor por ti y donde mis lágrimas se mezclen con las tuyas, no para sufrir por sufrir, sino para compartir la carga que nos salva.

Y cuando vuelvas a preguntarme: "¿No pudiste velar conmigo?", que mi vida entera diga:

"Sí, Señor. Aquí estoy. Aquí quiero estar. Aquí descansaré. Aquí velaré contigo, porque en ningún otro lugar quiero estar. Porque contigo... todo cobra sentido" Amén.

SECCIÓN V

LA IGLESIA Y EL ESPÍRITU

CUANDO LA VOZ DE DIOS SE HACE MISIÓN, GRACIA Y PODER

CAPÍTULO 13
¿POR QUÉ ME PERSIGUES?

YO ESTABA SINCERAMENTE EQUIVOCADO, Y AUN ASÍ....

SAULO

NO ERA UN LADRÓN, ERA UN "DEFENSOR DE LA FE"

Si este fuera un capítulo sobre un ladrón arrepentido, sería más fácil de leer. Pero Saulo de Tarso no era un bandido de esquina, ni un adúltero público, ni un cobrador corrupto. Era un hombre de Biblia, de templo, de oración, de disciplina. Era el tipo de persona que, en nuestras iglesias, daría clases, lideraría grupos y nos impresionaría con su conocimiento.

Él mismo lo cuenta años después:

> *"Yo de cierto soy judío, nacido en Tarso de Cilicia, pero criado en esta ciudad, instruido a los pies de Gamaliel, estrictamente conforme a la ley de nuestros padres, celoso de Dios..."*
>
> *(Hechos 22:3)*

Tarso era una ciudad importante del mundo grecorromano; Jerusalén, el centro religioso de su pueblo. Saulo se movía entre los dos mundos: ciudadano romano, judío fariseo, alumno del mejor maestro. Más tarde dirá que en el judaísmo "aventajaba a muchos" de su nación y que era "mucho más celoso de las tradiciones" que sus contemporáneos (*Gálatas 1:13–14*).

No empezó como "Pablo el apóstol". Empezó como Saulo el convencido.

Y eso es lo peligroso de esta historia: Saulo no estaba perdido "a lo loco". Estaba perdido dentro de su convicción religiosa.

VIVIÓ EN TIEMPOS DE JESÚS... PERO NO LO RECONOCIÓ

Cuando Esteban es apedreado, Lucas menciona un detalle

brutal: *"Y los testigos pusieron sus ropas a los pies de un joven que se llamaba Saulo. Y Saulo consentía en su muerte". (Hechos 7:58; 8:1)*

Lo llama "joven". Jesús había muerto y resucitado pocos años antes, y la mayoría de los historiadores sitúan la muerte de Esteban y la persecución de Jerusalén alrededor del año 34–36 d.C., apenas unos años después de la crucifixión y la ascensión de Jesús (alrededor del 30–33 d.C.).

Eso quiere decir que Saulo vivió en la misma generación que Jesús. Mientras Jesús predicaba en Galilea y Jerusalén, Saulo ya existía. Creciendo. Estudiando. Formándose. Llenando su cabeza de Escrituras. Tal vez escuchó rumores de un rabino que sanaba enfermos y comía con pecadores. Tal vez oyó el eco de la cruz. Tal vez escuchó debates sobre aquel Nazareno que algunos llamaban "Hijo de Dios".

Pero una cosa es vivir en tiempos de Jesús y otra muy distinta es reconocer a Jesús.

Saulo vivía en la época correcta, cerca de los lugares correctos, con los textos correctos y aun así terminó del lado opuesto al Cristo resucitado.

DEL APLAUSO A LAS PIEDRAS: EL DÍA QUE COMENZÓ LA PERSECUCIÓN

Después de la muerte de Esteban, Hechos dice:

"En aquel día hubo una gran persecución contra la iglesia que estaba en Jerusalén… Y Saulo asolaba la iglesia, y entrando casa por casa, arrastraba a hombres y a mujeres y los entregaba en la cárcel".

(Hechos 8:1–3)

No era un espectador. Era protagonista. Entraba en casas. Rompía espacios de intimidad. Sacaba gente a empujones. Metía familias enteras en prisión.

Pero escúchalo años después, cuando ya ha conocido a Cristo:

> *"Yo ciertamente había creído mi deber hacer muchas cosas contra el nombre de Jesús de Nazaret".*
>
> *(Hechos 26:9)*

Lee bien esa frase: "había creído mi deber". No dice: "Por maldad". No dice: "Por odio puro". Dice: "Creí que era mi deber".

Saulo no se veía como un perseguidor cruel, sino como un defensor responsable. No sentía remordimiento; sentía que estaba sirviendo a Dios.

Y ahí se empieza a parecer demasiado a nosotros.

DE CAMINO A DAMASCO: EL ERROR QUE SE VISTE DE OBEDIENCIA

La historia se acelera en Hechos 9:

> *"Saulo, respirando aún amenazas y muerte contra los discípulos del Señor, vino al sumo sacerdote y le pidió cartas para las sinagogas de Damasco, a fin de que si hallase algunos hombres o mujeres de este Camino, los trajese presos a Jerusalén".*
>
> *(Hechos 9:1–2)*

Mira el cuadro: Tiene aval religioso. Tiene cartas oficiales. Tiene un plan estructurado. Va tras "los del Camino" como si estuviera haciendo un servicio necesario.

Si viviera hoy, tendría agenda llena, correos de agradecimiento, quizás recomendaciones de sus superiores. Podría estar posteando versículos mientras organiza la siguiente redada "por la verdad".

Saulo no es el capítulo del pecado escandaloso. Es el capítulo del error que se viste de obediencia.

LUZ BRUTAL Y VOZ AUDIBLE: EL MUERTO QUE LE HABLA

Entonces Dios decide detenerlo en la carretera:

> *"Mas yendo por el camino, aconteció que al llegar cerca de Damasco, repentinamente le rodeó un resplandor de luz del cielo; y cayendo en tierra, oyó una voz que le decía: 'Saulo, Saulo, ¿por qué me persigues?'"*
>
> *(Hechos 9:3–4)*

No fue una idea. No fue una metáfora. Fue una voz.

Más adelante, cuando Saulo relata la historia en Jerusalén, dice: *"Oí una voz que me decía..."* (Hechos 22:7). Y ante Agripa insiste en que oyó al mismo Jesús de Nazaret hablándole desde el cielo *(Hechos 26:13–15)*.

El Jesús que Saulo consideraba muerto, derrotado, blasfemo... ese mismo Jesús le habla en voz audible.

No fue la alucinación de un fanático culposo. No fue el truco de unos discípulos que robaron el cuerpo. No fue "una visión colectiva" producto del trauma. Fue un encuentro directo con el resucitado.

Y antes de revelarle quién es, Jesús le hace una pregunta.

CUANDO DIOS TE LLAMA POR NOMBRE... DOS VECES

"Saulo, Saulo..."

En la Biblia, Dios no repite nombres por nervios. Cada doble llamado marca un antes y un después:

- **"Abraham, Abraham"** – para detener un cuchillo y revelar un carnero en lugar de Isaac *(Génesis 22:11–12).*

- **"Moisés, Moisés"** – desde la zarza ardiente, para sacar a un fugitivo del anonimato e iniciar el éxodo *(Éxodo 3:4).*

- **"Samuel, Samuel"** – en la noche, cuando la palabra era escasa, para levantar un profeta niño *(1 Samuel 3:10).*

- **"Marta, Marta"** – en una casa llena de platos y tareas, para ordenar afectos y prioridades *(Lucas 10:41).*

- **"Simón, Simón"** – antes de la negación, para anunciar tanto el zarandeo como la restauración *(Lucas 22:31).*

Y ahora, en un camino polvoriento, lejos de Jerusalén, la misma voz del cielo dice: "Saulo, Saulo..."

Cuando Dios repite tu nombre: Detiene tu prisa. Se salta tus excusas. Va directo a la raíz de tu identidad. Marca una frontera invisible: hasta aquí tu ruta, de aquí en adelante la mía.

No le dice "perseguidor", ni "fanático", ni "asesino". Lo

llama por el nombre con el que sus padres lo abrazaron. Le habla no al perseguidor que se formó, sino al hombre que Él conoció "desde el vientre". *(Gálatas 1:15)*

"¿POR QUÉ ME PERSIGUES?" – CUANDO JESÚS SE LO TOMA PERSONAL

La pregunta es corta, pero demoledora: "Saulo, Saulo, ¿por qué me persigues?". (Hechos 9:4)

Saulo podría haber respondido:

"Yo no te persigo a ti, persigo a esa gente rara". Pero Jesús no ve esa separación. En otra ocasión ya lo había dicho:

> *"Lo que hicisteis a uno de estos mis hermanos más pequeños, a mí lo hicisteis".*
> *(Mateo 25:40)*

Años más tarde, Pablo entenderá que la iglesia es el "cuerpo de Cristo". Tocar al cuerpo es tocar a la cabeza. Perseguir a los discípulos es perseguir al Señor. Y aquí aparece el ángulo más incómodo del capítulo: Saulo no odiaba a Dios. Amaba tanto su versión de Dios, que terminó peleando contra Dios mismo.

Eso es soberbia espiritual: Amar tanto tu interpretación, que ya no eres corregible.

CUANDO TU ORACIÓN CAMBIA DE TEMA: "¿QUIÉN ERES, SEÑOR?"

Saulo no pregunta:

"¿Qué está pasando?" "¿Por qué esta luz?" "¿Por qué me haces esto?" Su boca dice:

"¿Quién eres, Señor?..." (Hechos 9:5)

Esa es la grieta por donde entra la gracia. Hasta ese día, Saulo hablaba acerca de Dios. Ahora se dirige a Dios. Pasó años estudiando Escrituras, pero nunca había hecho esa pregunta con humildad. Tenía doctrina, sí. Tenía tradición. Tenía certezas. Pero no conocía al Hijo.

Mientras no te atrevas a orar: "Señor... yo creía conocerte, pero ¿quién eres de verdad?" seguirás llamando "defensa de la fe" a cosas que el cielo llama "persecución".

"YO SOY JESÚS" – EL NOMBRE QUE SAULO DESPRECIABA

La respuesta del cielo no da vueltas:

"Yo soy Jesús, a quien tú persigues". (Hechos 9:5)

No dice: "Yo soy el Altísimo, el Eterno, el Todopoderoso...". Dice: "Jesús": el nombre que Saulo asociaba con engaño, con herejía, con un crucificado maldito.

Y le añade: "a quien tú persigues". No deja espacio para suavizar. No le dice: "Te has desviado un poco". Le dice: "Has estado golpeándome a mí".

Es la cirugía del Espíritu: te nombra el problema sin destruirte. No disfraza tu error, pero tampoco cancela tu historia.

Detrás de esa frase, sin embargo, hay una decisión de gracia: Jesús no lo aplasta. No lo fulmina. No lo borra. Lo confronta para rescatarlo.

NO HAY MAPA, SOLO EL SIGUIENTE PASO

Después de revelarse, Jesús no le suelta un plan quinquenal. Le dice:

> *"Levántate y entra en la ciudad, y se te dirá lo que debes hacer".*
>
> *(Hechos 9:6)*

Nada de: "Serás apóstol de los gentiles". "Escribirás cartas que leerán generaciones". "Predicarás ante reyes". Solo: "Levántate. Entra. Espera. Escucha".

El orgullo espiritual se desarma así: obedeciendo instrucciones sencillas sin exigir explicaciones completas.

TRES DÍAS CIEGO:
CUANDO LA PAUSA ES UN REGALO

El relato continúa:

> *"Entonces Saulo se levantó de tierra, y abriendo los ojos, no veía a nadie; así que, llevándole por la mano, le metieron en Damasco, donde estuvo tres días sin ver, y no comió ni bebió".*

> (Hechos 9:8–9)

El hombre que entraba en casas con autoridad ahora tiene que dejarse llevar de la mano. El que veía errores en todos, no ve nada. El que mandaba, obedece. El que siempre tenía algo que decir, guarda silencio.

No fue un castigo caprichoso. Fue pedagogía. Dios lo desintoxica de su manera de mirar.

Tres días sin ver. Tres días sin controlar. Tres días sin hacer "cosas para Dios". Solo pensar. Solo recordar. Solo dejar que el Espíritu desmonte su narrativa: recordar la cara de Esteban. Recordar los gritos de las familias. Recordar las palabras que había despreciado.

Hay pausas que se sienten como castigo, pero son cirugías de misericordia.

NO LE CAMBIAN EL NOMBRE;
LE CAMBIAN EL ENFOQUE

Mucha gente predica que Dios "cambió el nombre" de Saulo a Pablo, como hizo con Abram/Abraham o con Jacob/Israel. Pero la Biblia nunca registra un momento así.

Lo que sí leemos es:

"Entonces Saulo, que también es Pablo…".

(Hechos 13:9)

Saulo ya tenía esos dos nombres: uno hebreo (Saulo), uno romano (Pablo). Lo que cambia no es el registro civil. Lo que cambia es para quién y para qué usa su historia.

Su formación farisea se vuelve herramienta para explicar a Cristo desde las Escrituras. Su ciudadanía romana le permite apelar a César y llegar a Roma. Su mundo griego y judío lo convierte en puente entre culturas.

Dios no borra al Saulo estudioso, intenso, apasionado. Lo que hace es redirigirlo.

Por eso este capítulo no es el capítulo de "nuevo nombre motivacional". Es el capítulo donde descubres que no hace falta cambiarte el apodo para cambiarte el corazón.

EQUIVOCADO… Y AUN ASÍ LLAMADO

Años después, ya como apóstol, Pablo escribe:

"Habiendo yo sido antes blasfemo, perseguidor e injuriador; mas fui recibido a misericordia… Cristo Jesús vino al mundo para salvar a los pecadores, de los cuales yo soy el primero".

(1 Timoteo 1:13–15)

Y también:

"Porque ya habéis oído acerca de mi conducta en otro tiempo en el judaísmo, que perseguía sobremanera a la iglesia de Dios, y la asolaba... Pero cuando agradó a Dios, que me apartó desde el vientre de mi madre y me llamó por su gracia, revelar a su Hijo en mí...".

(Gálatas 1:13–16)

Mira la tensión: "Perseguía sobremanera". "Asolaba la iglesia". "Blasfemo, perseguidor, injuriador".

Y al mismo tiempo: "Apartado desde el vientre". "Llamado por su gracia". "Recibido a misericordia".

Saulo es el capítulo donde entiendes que puedes estar sinceramente equivocado y aun así haber sido sinceramente llamado desde antes de nacer.

El llamado no excusa el daño. Pero el daño no anula el llamado.

CONSECUENCIAS: UN LLAMADO CON TESTIGOS INCÓMODOS

Dios lo perdona, pero la gente no olvida tan rápido.

Cuando intenta unirse a los discípulos en Jerusalén:

"Todos le tenían miedo, no creyendo que fuese discípulo".

(Hechos 9:26)

Y más adelante:

"Pasados muchos días, los judíos resolvieron en consejo matarle… y sus discípulos… le bajaron de noche por el muro, descolgándole en una canasta".

(Hechos 9:23–25)

No todos se tragan el cambio. Algunos quieren matarlo. Otros sospechan. Otros necesitan tiempo.

Saulo no pierde meses tratando de demostrar que cambió. No monta campañas de relaciones públicas. Simplemente obedece al Espíritu y deja que su vida hable.

Hay errores en tu pasado que tendrán memoria larga. Gente que vio tu "Saulo" y no sabe qué hacer con tu "Pablo". Tu tarea no es convencerlos a todos.

Tu tarea es caminar de la mano del Espíritu, y dejar que Él use tu historia como quiera.

EL SAULO QUE TODAVÍA VIVE EN NOSOTROS (MI PROPIA METIDA DE PATA)

Déjame confesarte algo. Yo también he tenido mis "Damasco" sin luz celestial, pero con llanta explotada.

Hace un tiempo, en el trabajo, había otro líder a mi nivel. Sus decisiones, su manera de dirigir, la forma en que hablaba de mi equipo… todo me empezaba a hervir la sangre. Yo sentía que no estaban valorando la ayuda que dábamos, que trataban a mis muchachos como si fueran blandos, como si yo no supiera liderar.

Y mira qué ironía: Por dentro yo pensaba que mi coraje era "santo". "Estoy defendiendo a mi gente. Estoy defendiendo lo correcto".

Un día exploté. Lo confronté delante de otros. Le subí la voz. Le solté un *"back off"* disfrazado de discurso. Le dije, en pocas palabras: "Déjame hacer lo mío, y tú haz lo tuyo".

Salí del trabajo convencido de tener la razón. Me monté en el carro con el pecho inflado y el espíritu "indignado por justicia".

Iba tan concentrado en mi historia, contándole a Milka lo ocurrido, que casi me paso la salida. Intenté meterme a última hora... y caí en un hoyo santo que hizo explotar la goma.

Carro nuevo. Sin goma de repuesto. Sistema moderno que se suponía sellara... y no funcionó. Remolque, espera, gasto, frustración.

¿Fue el diablo? ¿Fue Dios? No voy a hacer teología con un hoyo en la carretera.

Pero sí sé esto: Mientras esperaba, sentado, sin poder seguir mi ruta, el Espíritu empezó a hablar conmigo más fuerte que cualquier discurso que yo hubiera dado.

No estaba tan equivocado en lo que veía. Pero estaba profundamente equivocado en cómo reaccioné.

Confundí dolor legítimo con licencia para humillar. Celo por lo correcto con permiso para atropellar. Defensiva de mi equipo con permiso para faltarle el respeto a otro.

Al día siguiente pedí perdón. La relación no quedó perfecta de la noche a la mañana. Hubo roces después. En medio de un adiestramiento de inteligencia emocional, en un descanso, me acerqué otra vez y le dije algo así: "Soy muy emocional, pero me falta un poquito más de inteligencia emocional. Perdóname por cómo te hablé".

Nos abrazamos. No borramos lo que pasó, pero abrimos una puerta nueva.

Saulo en mí no se manifestó apedreando a nadie. Se manifestó pensando: "Tengo tanta razón, que la forma no importa".

Y ahí fue que el Espíritu me dijo: "Estás sinceramente equivocado. Y aun así… no te descarto. Pero te voy a corregir".

EJEMPLOS MÁS COTIDIANOS DE SOBERBIA ESPIRITUAL

Tal vez tú no entras a casas a arrestar cristianos. Pero el "Saulo interno" se manifiesta cuando: te crees con derecho de destruir reputaciones "porque estás defendiendo la verdad". Usas versículos como piedras para ganar discusiones familiares. Tratas a tu esposo, esposa, hijos o iglesia como proyectos que deben adaptarse a tu manera "bíblica" de ver las cosas, sin escuchar sus heridas.

Publicas ataques en redes, bien armados de doctrina, pero vacíos de compasión. Sirves sin parar en la iglesia, pero hace tiempo que no le preguntas a Jesús: "¿Tú querías que yo hiciera esto… o yo me monté solo en esta agenda?".

Saulo no fue salvado de un pecado escandaloso. Fue salvado de una soberbia espiritual que lo hacía creer que estaba bien mientras destruía a otros.

AUN DESPUÉS DE DAMASCO… SIGUES NECESITANDO CORRECCIÓN

Por eso es tan importante conectar este capítulo con el próximo: el Espíritu Santo.

Porque después de Damasco, Pablo no se vuelve perfecto.

Sigue siendo intenso. Discute tan fuerte con Bernabé por Marcos que terminan separándose *(Hechos 15:36–40)*. Habla de un "aguijón en la carne" que lo mantiene humilde *(2 Corintios 12:7–9)*.

Es decir: La redirección de Damasco no lo convierte en estatua de yeso. Lo convierte en hombre dependiente del Espíritu.

Lo mismo contigo. Tal vez ya tuviste tu Damasco. Ya tuviste tu caída. Ya tuviste tu momento de: "Yo era el equivocado".

Aun así, sigues necesitando: Ser lleno del Espíritu. Ser guiado por el Espíritu. Ser corregido por el Espíritu.

Este capítulo no termina en "Heme aquí, envíame". No le toca a Saulo esa frase. A Saulo le toca decir: "Yo estaba sinceramente equivocado y aun así Dios me llamó. Ahora necesito al Espíritu para no volver al mismo orgullo con otro traje".

PREGUNTAS PARA QUEDARTE UN RATO EN EL SUELO

Antes de orar, déjame dejarte algunas preguntas, sin adornos:

- ¿En qué área de tu vida estás convencido, pero el Espíritu lleva tiempo incomodándote?

- ¿A quién has herido "por defender lo correcto"? Nombres concretos. Caras concretas.

- ¿Qué interrupción reciente (una enfermedad, una discusión, un fracaso, una pausa obligada) podría ser el equivalente a tu luz de Damasco?

- Si Jesús te dijera hoy: "_____, _____, ¿por qué me persigues?" ¿En qué cosa estaría pensando?

¿Te atreves a volver a hacer la oración que sabe poco a éxito y mucho a rendición: "¿Quién eres, Señor... y qué quieres que yo haga?".

No te contestes rápido. Quédate un rato en el suelo. Deja que el Espíritu te muestre dónde has estado sinceramente equivocado y, aun así, sinceramente llamado.

ORACIÓN:
"NO ME DEJES SEGUIR CORRIENDO MAL"

Señor Jesús, tú que llamaste a Saulo por su nombre, dos veces, me conoces más de lo que yo me conozco.
Te confieso que hay áreas donde estoy convencido, pero quizás estoy sinceramente equivocado.

No quiero amar más mi versión de ti que a ti mismo.
Si es necesario interrumpir mi agenda, mi carácter, mi "manera de hacer las cosas", hazlo.

No me descartes, pero tampoco me dejes igual. Derriba mi orgullo espiritual. Muéstrame a quién he herido creyendo que te defendía. Dame la valentía de pedir perdón y la humildad de dejarme guiar de la mano.

Gracias porque, como a Saulo, tú puedes tomar mi error, mi historia, mi carácter difícil y redirigirlo.
Enséñame a vivir cada día preguntando: "¿Quién eres, Señor? ¿Qué quieres que yo haga?".

Y que el Espíritu Santo, en el próximo paso, sea quien corrija, guíe y sostenga lo que comenzaste en mi propio camino de Damasco. Amén

CAPÍTULO 14
¿RECIBISTEIS EL ESPÍRITU SANTO?

SECCIÓN I: CUANDO DESCRUBRES QUE EL AUTOR DE TU HISTORIA VIVE ADENTRO

ESPÍRITU SANTO

NO ES UNA CLASE...
ES UNA HISTORIA VIVA

Este capítulo no pretende ser una clase formal sobre la persona del Espíritu Santo. No vas a encontrar aquí un curso de teología sistemática, ni una conferencia de seminario con pizarras, gráficos y términos en griego. Este capítulo es, sobre todo, un testimonio. Es una conversación honesta entre alguien que ha tropezado, ha buscado, ha dudado, ha insistido, ha llorado... y ha sido pacientemente guiado por la persona más incomprendida y, a la vez, más necesaria en toda la vida cristiana: el Espíritu Santo.

El libro de Hechos relata un encuentro muy particular entre el apóstol Pablo y algunos discípulos en Éfeso. Dice la Escritura:

"Y aconteció que entre tanto que Apolos estaba en Corinto, Pablo, después de recorrer las regiones superiores, vino a Éfeso, y hallando a ciertos discípulos, les dijo: ¿Recibisteis el Espíritu Santo cuando creísteis? Y ellos le dijeron: Ni siquiera hemos oído si hay Espíritu Santo".

(Hechos 19:1–2)

Esa respuesta es sorprendente y, al mismo tiempo, tremendamente actual. Resume la realidad de muchos creyentes hoy: gente buena, sincera, que ama a Jesús, pero que vive casi sin conciencia de que el Espíritu Santo existe, de que es una persona, de que desea relacionarse con ellos y transformar su vida desde adentro.

Notemos que Pablo no les pidió presentar un examen de teología. No les preguntó si entendían doctrinas complejas sobre la naturaleza de Cristo ni si conocían términos técnicos sobre el Espíritu Santo. Su pregunta fue sencilla y profunda: «¿Recibisteis el Espíritu Santo cuando creísteis?». En otras palabras: ¿esto es solo información en tu cabeza o es una realidad en tu interior?

Hay una diferencia enorme entre conocer un concepto y conocer al Espíritu Santo, entre saber que Él existe y vivir como si realmente habitara en ti. Ese es el corazón de este capítulo.

UN DESEO FERVIENTE QUE SE TOPÓ CON LA REALIDAD DE LA GRACIA

Cuando me reconcilié con Dios, se encendió dentro de mí un deseo feroz de conocer al Espíritu Santo. No era curiosidad teórica. No era un "qué interesante esto del Espíritu". Era hambre. Hambre de verdad. Quería conocerlo, escucharlo, sentir su guía. No quería saber sobre Él; quería conocerlo a Él.

Pero yo era joven en la fe, con muchas ganas y poca madurez. Y cuando uno tiene hambre, pero no tiene todavía colmillo espiritual, hace cosas muy sinceras, pero a veces muy torpes. Llegué a creer que, si clamaba más fuerte, si ayunaba más días, si lloraba más dramáticamente, si temblaba más en el altar, entonces el Espíritu "vendría" con más intensidad. Pensaba que la fuerza de mis acciones determinaría la intensidad de su presencia. En el fondo, lo trataba como si fuera un tipo de "mecanismo espiritual"; si yo movía ciertas palancas, Él estaba obligado a manifestarse.

Con el tiempo, Dios fue desarmando esa idea. Descubrí algo que cambió mi relación con Él: el Espíritu Santo no responde a presión humana; responde a corazones rendidos. No se deja manipular por mis esfuerzos; se derrama sobre mi entrega. No viene porque yo hago mucho ruido; se manifiesta donde hay humildad y fe.

Aprendí, a veces a golpes, que yo no lo empujo; Él me guía. Yo no lo arrastro; Él me atrae. Yo no lo manipulo; Él me forma. Yo no lo fuerzo; Él me derrite. Dios usó muchas herramientas para enseñarme esto: su Palabra, momentos de corrección que me dolieron, pero me hicieron madurar; personas que me sirvieron de espejo; y, sobre todo, la voz suave del mismo Espíritu, insistente, clara y amorosa.

Leí muchos libros sobre el Espíritu Santo. Algunos excelentes, otros regulares y unos cuantos que es mejor no recomendar. Pero, aun así, terminé descubriendo algo valiosísimo: los libros son buenos; los seminarios son útiles; las predicaciones ayudan. Pero si tienes la Biblia y tienes al Espíritu Santo, tienes lo esencial para conocerle. El libro principal está en tus manos. El autor principal vive dentro de ti.

DIOS HABLA... AUNQUE NO SIEMPRE SE OYE UN TRUENO

Vivimos en una cultura obsesionada con lo espectacular. Nos fascinan los testimonios dramáticos: "la habitación tembló", "las paredes vibraron", "una voz tronó desde el cielo". Nos encantan las historias donde la cama se mueve, las cortinas se abren solas y los números de serie del abanico de techo parecen código profético. Y Dios, que es soberano, puede manifestarse como Él quiera. No lo limito.

Pero te confieso algo con absoluta honestidad: yo nunca he escuchado la voz audible de Dios. Nunca he oído un trueno que diga mi nombre. Nunca he visto letras flotando en el aire.

Y, sin embargo, si me siento a contarte, tendría que decir que Dios me ha hablado... demasiado. Me ha guiado, me ha corregido, me ha confrontado, me ha consolado, me ha sorprendido, me ha dado ideas que jamás hubiera tenido por mi cuenta. Me ha hablado tanto que, en algunos momentos, he estado tentado a decirle medio en broma, medio en serio: "Señor... ¿y si hoy no me corriges nada? ¿Un día libre, aunque sea?".

¿Cómo habla Dios? Sin hacer un manual técnico, pero apoyado en lo que dice la Escritura y en lo que he vivido, diría que Dios habla de muchas maneras. Habla primero y sobre todo a través de su Palabra escrita: una frase que habías leído mil veces y de pronto te atraviesa como espada; un pasaje que se alumbra justo en el momento en el que más lo necesitas. Habla mediante impresiones internas: esa convicción suave, pero firme que te dice "esto sí" o "por ahí no". Habla por medio de otras personas: una conversación, una corrección, un consejo que llega en el momento exacto. Habla a través de circunstancias que te cierran una puerta o te abren otra. Y habla, a veces, con una línea, un título, una canción, una predicación que se queda tatuada en tu espíritu mucho después de que se acabe el culto.

Detrás de todas esas formas de comunicación está la obra del Espíritu Santo, que toma cosas aparentemente naturales y, de repente, les enciende la luz de lo sobrenatural. Él es el intérprete de la voz del Padre. Él es quien traduce al idioma de tu corazón lo que el Padre está diciendo.

EL DÍA EN QUE LA PALABRA «TODAVÍA» CAMBIÓ MI CAPÍTULO

Quiero contarte con calma uno de esos momentos en que su voz no fue audible, pero fue imposible de ignorar. Yo estaba terminando el libro sobre Nicolás. Era el último capítulo. Tenía historias, tenía cartas de Amparo y de los hijos, tenía recuerdos, lágrimas, risas, fechas, detalles. Pero algo faltaba. No quería un cierre genérico, no quería solo una frase bonita. Sentía que el libro necesitaba un sello, una palabra que resumiera el legado de ese hombre de Dios.

Esa mañana oré algo muy sencillo, pero muy honesto: "Señor, me falta algo. No quiero cerrar este libro con un final humano. ¿Cuál es el sello de este legado? ¿Qué frase describe lo que tú sigues haciendo a través de la vida de Nicolás?". Después de orar, abrí una predicación en internet. Ni siquiera era el sermón completo, sino un fragmento. El predicador comenzó diciendo una frase que, en apariencia, no tenía nada que ver conmigo: "El capítulo ocho... todavía...".

En el papel, eran solo palabras. Pero en mi interior fue otra cosa. La palabra "todavía" se encendió en mi espíritu como si alguien la hubiera subrayado con un marcador fluorescente. No sonaba a casualidad; sonaba a respuesta. No era "todavía no lo escribas". No era "todavía te falta". Era un "todavía" lleno de continuidad, de promesa y de presencia. En ese "todavía" sentí que el Espíritu me susurraba:

"Todavía sigo obrando.
Todavía uso esta vida para tocar generaciones.
Todavía este legado sigue produciendo frutos.
Todavía no cierres el libro... porque yo sigo escribiendo".

Ese "todavía" cambió el ángulo del capítulo, pero también cambió algo en mí. Me recordó que el Espíritu Santo no solo registra el pasado; extiende el legado hacia el futuro. Me ayudó a cerrar el libro declarando que el legado de un hombre de Dios no se apaga cuando se termina la última página, porque el autor verdadero sigue escribiendo en los hijos, en los nietos, en los discípulos, en las iglesias.

No hubo luz especial en la habitación, no hubo voz tronando desde el techo, pero en la parte más íntima de mi espíritu yo sé que fue Él.

EL ESPÍRITU SANTO COMO AUTOR Y ESCRITOR EN LA SOMBRA

En el mundo editorial existe una figura interesante: el autor en la sombra, el escritor que toma tu historia y la pone en palabras de gracia. Hay personas que tienen una vida riquísima, llena de experiencias, dolores, victorias y aprendizajes, pero no saben cómo poner todo eso en palabras. Entonces buscan a alguien que escuche, que haga preguntas, que ordene, que dé forma, que encuentre el tono, el ritmo, el enfoque. El protagonista pone la vida; el escritor pone la pluma.

Esa figura del autor y escritor en la sombra es una de las mejores maneras que he encontrado para describir lo que el Espíritu Santo hace en nosotros. Tú tienes una historia: infancia, heridas, decisiones, errores, aciertos, momentos de fe, temporadas de sequía. Tienes páginas que te gustan y otras que preferirías arrancar. Tienes capítulos que quisieras leer en voz alta y otros que no te atreverías a mencionar. El Espíritu Santo entra ahí, a tu propio libro, y se sienta a tu lado como autor verdadero.

Tú dices: "Tuve un fracaso". Él responde: "Tuviste una escuela de gracia". Tú piensas: "Esta parte de mi vida es una vergüenza; lo mejor es arrancar esa página". Él susurra: "No arranques nada. Déjame mostrarte cómo voy a convertir eso en testimonio". Tú concluyes: "Ya se acabó; aquí termina todo". Él te mira con paciencia y dice: "Apenas vamos por el capítulo tres. Calma".

El Espíritu Santo no solo te ayuda a contar tu historia a otros; te ayuda a contártela correctamente a ti mismo. Porque si tú eres tu propio narrador, sin la ayuda del Espíritu, terminas repitiendo líneas que no escribió Dios. Empiezas a narrar tu vida con la voz del enemigo: "fallaste, por lo tanto, eres un fracaso"; "Dios terminó contigo"; "tu llamado era antes de ese pecado, no después"; "lo que hiciste te descalificó para siempre". Pero cuando el Espíritu toma la pluma, Él escribe otra cosa sobre la misma escena. No niega lo que pasó; lo redime. No borra el dolor; lo resignifica. No disimula la caída; te muestra la mano que te levantó.

CUANDO EL ESPÍRITU TE CAMBIA LOS LENTES

Hay un pasaje en 1 Corintios que encaja perfecto con todo esto. Pablo, escribiendo a una iglesia llena de dones, pero también de confusiones, les habla de una sabiduría que no nace del esfuerzo humano, sino de la revelación del Espíritu.

Les recuerda algo que estaba escrito en las Escrituras antiguas:

"Antes bien, como está escrito: cosas que ojo no vio, ni oído oyó, ni han subido en corazón de hombre, son las que Dios ha

preparado para los que le aman. Pero Dios nos las reveló a nosotros por el Espíritu; porque el Espíritu todo lo escudriña, aun lo profundo de Dios".

(1 Corintios 2:9–10)

Muchas veces usamos este versículo para hablar del cielo, de las cosas futuras, de las calles de oro. Y, por supuesto, se puede aplicar. Pero en el contexto de la carta, Pablo está hablando de algo que comienza aquí y ahora: de la capacidad de comprender la sabiduría de Dios en medio de nuestra vida diaria.

Un poco más adelante, él describe el problema de intentar entender las cosas de Dios solo con recursos humanos. Dice:

"Pero el hombre natural no percibe las cosas que son del Espíritu de Dios, porque para él son locura, y no las puede entender, porque se han de discernir espiritualmente".

(1 Corintios 2:14)

Traducido a nuestro lenguaje cotidiano, Pablo nos está diciendo: tus sentidos no son suficientes para interpretar tu vida. Tus emociones no son un juez confiable de lo que Dios está haciendo. Tus traumas no son buenos comentaristas de su carácter. Si miras tu historia solo con los ojos de la lógica, del dolor o de la comparación con otros, vas a fallar en la interpretación.

Sin la ayuda del Espíritu Santo, lo que duele lo llamas castigo, aunque en realidad sea disciplina que te está salvando. Lo que se cierra lo llamas rechazo, aunque sea protección. Lo que tarda lo llamas abandono, aunque sea preparación. Y así vas llenando tu libro de conclusiones equivocadas.

Con el Espíritu Santo, en cambio, comienzas a ver lo que "ojo no vio". Empiezas a escuchar lo que "oído no oyó". Empiezas a abrazar promesas y caminos que ni siquiera habían subido a tu corazón. Él te muestra líneas que no se veían. Te enseña a leer tu historia desde la perspectiva del cielo.

Por eso, Pablo puede terminar esa sección con una afirmación audaz:

"Porque ¿quién conoció la mente del Señor? ¿Quién le instruirá? Mas nosotros tenemos la mente de Cristo".

(1 Corintios 2:16)

No dice: "tenemos la mente mejorada de Saúl, versión cristiana". No. Dice: "tenemos la mente de Cristo". Eso es obra del Espíritu Santo. Él es quien te enseña a pensar como Jesús acerca de tu pasado, tu presente, tu futuro, tu llamado, tus heridas y tus limitaciones. Él no solo quiere cambiar lo que sientes; quiere renovar la forma en que piensas.

SECCIÓN II
¿Y ESTÁS CAMINANDO EN SU LLENURA?

CUANDO EL ESPÍRITU SE VUELVE TU DISCIPLINA, TU FUERZA Y TU GUERRA

CUANDO YO QUERÍA PRESIONAR AL ESPÍRITU... Y ÉL QUERÍA FORMAR MI CARÁCTER

Si te soy sincero, durante mucho tiempo confundí intensidad emocional con madurez espiritual. Pensaba que, si sentía mucho, estaba más lleno; si lloraba más, Dios estaba más cerca; si gritaba más duro en el culto, el Espíritu se iba a mover más fuerte. Vivía buscando momentos intensos, picos emocionales, sensaciones fuertes. Y, curiosamente, esos momentos pueden ser genuinos y hermosos. Pero el Espíritu Santo tuvo que enseñarme algo que no siempre queremos oír: Él no es un efecto especial, es una persona. Y vino a formar carácter, no solo a provocar sensaciones.

En 1 Corintios 3, Pablo les habla con una mezcla de amor y firmeza a aquellos creyentes que tenían dones espectaculares, pero carácter inmaduro. Les dice:

"De manera que yo, hermanos, no pude hablaros como a espirituales, sino como a carnales, como a niños en Cristo. Os di a beber leche, y no vianda; porque aún no erais capaces, ni aun sois capaces todavía".

(1 Corintios 3:1–2)

267

Es fuerte. Es como si dijera: "Tienen experiencias profundas, pero siguen reaccionando como niños". Puedes hablar en lenguas y seguir siendo carnal en tus decisiones. Puedes llorar en el altar y seguir siendo inmaduro en tu carácter. Puedes "sentir mucho" en el culto y seguir sin dejar que el Espíritu Santo gobierne lo que piensas el lunes.

Un poco más adelante, Pablo hace una pregunta que rompió muchos de mis esquemas:

> "¿No sabéis que sois templo de Dios, y que el Espíritu de Dios mora en vosotros?"
>
> (1 Corintios 3:16)

Yo, en la práctica, trataba al Espíritu como si viviera en la tarima de la iglesia: "aquí se mueve", "aquí cae", "aquí está fuerte". Lo imaginaba subiendo y bajando según la atmósfera, la música o el predicador. Y esta verdad me explotó por dentro: el templo no es la tarima; eres tú. No es que Él baja dos horas el domingo; es que vive en ti el lunes a las cinco y media de la mañana cuando suena la alarma. Él está ahí cuando tienes sueño, cuando no tienes ganas, cuando nadie te ve, cuando nadie te aplaude.

El Espíritu Santo no vino solamente para erizarte la piel, hacerte llorar bonito o darte experiencias intensas en un retiro. Vino a formar el carácter de Cristo en ti: a moldear tu forma de pensar, corregir tu manera de amar, limpiar tu manera de hablar, alinear tu manera de decidir. Vino a madurarte. Y eso, muchas veces, duele más que una buena lágrima en la adoración, pero da frutos que permanecen.

MI REGLA DIARIA: NO TOCO
EL CELULAR HASTA TOCAR EL CIELO

Al entender que el Espíritu Santo no visita de vez en cuando, sino que habita en mí, sentí que había algo muy práctico que tenía que cambiar: el orden de mis mañanas. Me di cuenta de que mis primeras acciones del día marcaban el tono espiritual del resto de la jornada. El primer alimento que recibe tu alma en la mañana decide, en buena medida, cómo va a respirar el resto del día.

Así que establecí una regla personal, sencilla, pero radical para mí: no hago nada antes de orar. No toco el celular, ni la tableta, ni los mensajes, ni las redes hasta haber hablado con Él. Primero rodillas, después pantallas. No te lo cuento como una ley que todos deban cumplir, ni como una medalla espiritual para presumir; te lo comparto como testimonio de algo que cambió mi relación con el Espíritu.

Descubrí que, si mi primer respiro del día es una red social, mi alma amanece apretada y comparada. Si mi primer respiro es el correo, mi mente arranca ansiosa, ya en modo urgencia. Si mi primer respiro es la noticia, mi corazón arranca preocupado, cargando el peso del mundo. En cambio, cuando mi primer aliento es algo tan simple como: "Espíritu Santo, aquí estoy. Dirige este día. Gobierna mis pensamientos. Abre la Palabra. Corrige donde tengas que corregir. Fortaléceme donde sabes que soy débil", no es que desaparezcan los problemas, pero entro al día con el autor adentro, no con el crítico de afuera.

Es casi cómico reconocer que mi carne quiere agarrar el celular y decir: "Buenos días, ansiedad, ¿dónde nos quedamos ayer?". Mientras tanto, el Espíritu Santo me invita a decir: "Buenos días, Señor. ¿Qué escribimos hoy?". Una frase tan sencilla, repetida a primera hora, se ha convertido en una llave.

No es magia. No es superstición. Es una manera diaria de recordarle a mi alma quién habita en mí y quién tiene la pluma de mi historia.

CUANDO EL ESPÍRITU TE DICE: "NO BORRES ESE CAPÍTULO"

A lo largo de este libro hemos ido capítulo por capítulo, pregunta por pregunta, vida por vida. Ha habido momentos en los que yo mismo he mirado el índice y he pensado: "Este capítulo se parece mucho a aquel… ¿y si lo elimino para no ser repetitivo? ¿Y si corto aquí? ¿Y si ahorro páginas?". Mi lado editorial levanta la mano y susurra: "Ajusta, corta, organiza, sé eficiente".

Pero muchas veces, en medio de ese impulso de recortar, el Espíritu Santo ha sido muy claro conmigo: "No lo borres. No vas a decir lo mismo. Vas a tocar el mismo tema desde otra herida, desde otro ángulo, desde otro corazón". Y tenía razón. Tema tras tema —miedo, duda, rechazo, llamado, vergüenza— el Señor ha mostrado matices diferentes: un padre que lucha, una mujer que espera, un profeta que huye, un discípulo que se hunde, un perseguidor que es derribado por la gracia. Cada capítulo repite la fidelidad de Dios, pero desde heridas distintas.

Aprendí algo muy práctico, no solo para escribir un libro, sino para vivir la vida: lo que tú llamas repetición, muchas veces es Dios reforzando algo que no entendiste la primera vez. El Espíritu Santo no es un editor que te corta la historia para que quepa en menos páginas; es un autor sabio que sabe exactamente cuántos capítulos necesitas sobre un mismo tema para que por fin se caigan las cadenas. Si te parece que vuelves una y otra vez al mismo asunto con Él, no pienses que es pérdida de tiempo. Es gracia paciente, trabajando en profundidad.

GUERRA ESPIRITUAL: CUANDO ESCRIBIR UN CAPÍTULO DESPIERTA AL INFIERNO

Si el Espíritu Santo es real, el mundo espiritual también lo es. No todo lo que pasa es psicológico. No todo es simplemente "porque estás cansado" o "porque te sugestionaste". Hay momentos en los que, al abrir la boca, al escribir una página, al declarar una verdad, tú estás pisando territorio que el enemigo cree suyo. Y, como es lógico, responde.

Te cuento uno de esos episodios. Mientras escribía el capítulo "¿Qué quieres que te haga?", en el que hablo mucho de Christian, de su historia, de su llamado, de cómo aun con sus limitaciones físicas y sensoriales Dios tiene propósito y asignación para él, sentíamos que no solo estábamos armando un bonito capítulo. Estábamos rompiendo una mentira muy fuerte: esa idea sutil, pero cruel, de que, si alguien tiene limitaciones, su llamado está reducido o cancelado.

Mientras escribía, el Espíritu me confrontaba y me consolaba a la vez. Me traía a la memoria todas las dudas que nosotros, como padres, habíamos tenido, todos los momentos en que, humanamente, parecía que el futuro de Christian estaba "reducido". Y, al mismo tiempo, sentía un mensaje muy claro en mi interior: "Yo no llamo como el sistema llama. Yo no dependo de diagnósticos. Mi llamado no viene con subtítulos de 'excepto si tienes esto o aquello'".

Terminamos ese capítulo. Y esa misma noche, a las dos de la madrugada, Christian me llamó por video llamada inquieto:

"Papi, sentí pasos. Alguien movió mis sábanas. Están tocando fuerte la puerta…". Eran ataques visibles, tangibles, físicos. Sentíamos que el ambiente espiritual estaba agitado. Milka y yo nos levantamos, oramos, reprendimos, cubrimos la casa, a Christian, nuestras mentes, nuestras emociones. Y entendimos algo clarísimo: este libro no es un hobby literario. Es una declaración de guerra contra mentiras espirituales. Por eso necesitas al Espíritu Santo, no solo para escribir capítulos, sino para pelear batallas que tus ojos no ven. Él es el que te despierta, te alerta, te fortalece y te recuerda que no estás luchando solo.

LA ARMADURA NO VIENE SIN LA PRESENCIA

Cuando hablamos de guerra espiritual, es inevitable recordar lo que Pablo escribió a los efesios sobre la armadura de Dios. Dice la Escritura:

"Por lo demás, hermanos míos, fortaleceos en el Señor, y en el poder de su fuerza. Vestíos de toda la armadura de Dios, para que podáis estar firmes contra las asechanzas del diablo. Porque no tenemos lucha contra sangre y carne, sino contra principados, contra potestades, contra los gobernadores de las tinieblas de este siglo, contra huestes espirituales de maldad en las regiones celestes".

(Efesios 6:10–12)

Luego describe cada pieza:

"Estad, pues, firmes, ceñidos vuestros lomos con la verdad, y vestidos con la coraza de justicia, y calzados los pies con el apresto del evangelio de la paz. Sobre todo, tomad el escudo de

la fe, con que podáis apagar todos los dardos de fuego del maligno. Y tomad el yelmo de la salvación, y la espada del Espíritu, que es la palabra de Dios; orando en todo tiempo con toda oración y súplica en el Espíritu, y velando en ello con toda perseverancia..."

(Efesios 6:14–18)

Suena a armadura romana, pero se vive en la cocina, en el trabajo, en la oficina, en el hospital, en la madrugada cuando suena el teléfono y las noticias no son las que esperabas. Tú y yo no podemos vivir el llamado, caminar en obediencia ni enfrentar ataques si no estamos llenos del Espíritu Santo.

La verdad que ciñe tu cintura no es solo doctrina; es una persona que te recuerda quién eres cuando el enemigo quiere confundirte. La coraza de justicia no es solo un concepto; es la justicia de Cristo aplicada por el Espíritu a tu corazón culpable. El escudo de la fe se vuelve muy pesado si intentas levantarlo sin la fuerza que Él da. La espada, que es la Palabra, se queda en letra muerta si el Espíritu no la sopla y la vuelve viva y eficaz.

Seamos honestos: a la primera crítica, queremos rendirnos. A la primera puerta cerrada, pensamos que no tenemos llamado. Al primer ataque contra nuestros hijos, queremos huir. El Espíritu Santo es el que te recuerda, como buen autor en la sombra: "Este no es el final. Esto es un capítulo difícil. Pero el libro ya tiene un final escrito: Cristo vence". Y también es el que te da la fuerza para seguir escribiendo, y para seguir peleando.

"¿Recibisteis el Espíritu Santo...?" y la pregunta de la llenura

Volvamos a esa escena de Hechos. Pablo pregunta: «¿Recibisteis el Espíritu Santo cuando creísteis?». Ellos responden: «Ni siquiera hemos oído si hay Espíritu Santo». Y Pablo, después de explicarles, ora por ellos y el Espíritu viene sobre sus vidas de una manera visible.

Hoy, muchos podrían responder algo parecido, pero con otro matiz: "He oído de Él, pero no lo he conocido"; "he escuchado testimonios, pero no tengo una historia propia con Él"; "he oído que se mueve, pero no sé cómo se ve eso en mi vida diaria". Por eso es importante decirlo con claridad: si has recibido a Cristo como tu Señor y Salvador, el Espíritu Santo mora en ti. No tienes que subir y bajar a Dios como si fuera un elevador. No es que hoy está, mañana no, pasado quién sabe. Él vino a habitar, no a hospedarse por ratos.

Sin embargo, la pregunta ya no es solo: "¿Lo recibiste al creer?". La pregunta que resuena ahora es: "¿Te estás dejando llenar por Él cada día?". Una cosa es que su presencia esté en ti; otra muy distinta es que gobierne sobre ti. Una cosa es tener al Espíritu; otra es caminar según el Espíritu. Hay una diferencia entre llevarlo como invitado silencioso y reconocerlo como anfitrión de la casa.

La llenura no es un estado estático que ocurrió una vez y ya; es una relación diaria, un "sí" continuo, un lugar que le das en cada área de tu vida.

ROMPIENDO EL MISTICISMO: EL ESPÍRITU NO ES UN EVENTO

Necesitamos derribar algunas ideas raras que, a veces sin darnos cuenta, se han colado en nuestras iglesias. Decimos cosas como: "Hoy el Espíritu Santo se movió" como si ayer hubiera estado de vacaciones. Comentamos: "Hoy sí estuvo fuerte la unción" y, en el fondo, lo que medimos es cuánta gente se cayó, cuántos gritaron, cuántas lágrimas vimos. Y, sin negar que Dios puede manifestarse con poder en una reunión, es peligroso reducir la obra del Espíritu a un momento específico en el programa de la iglesia.

Es mucho más poderoso un cristiano que nunca se ha caído al suelo, pero vive obedeciendo al Espíritu de lunes a domingo, que uno que se cae todas las semanas y sigue ignorando su voz en casa, en la oficina, en el matrimonio, en el trato con los hijos. El Espíritu Santo no es solo el que "causa cosas" en el culto. Es el que te susurra en el supermercado: "Llama a tu mamá". Es el que te frena antes de enviar ese mensaje lleno de enojo. Es el que te recuerda un versículo justo cuando estás a punto de ceder a una tentación. Es el que te despierta de madrugada con un nombre en el corazón para que ores.

No esperes el próximo evento especial para sentirte acompañado. No esperes el próximo retiro para sentirte guiado. No esperes al próximo profeta para recibir dirección. El mismo Espíritu que guiaba a los apóstoles mora en ti. Eso no es motivación barata; es Biblia. Y si Él está en ti, tu vida no se reduce a una serie de "momentos fuertes"; se convierte en una caminata cotidiana con alguien que nunca te deja.

UNA PEQUEÑA ORACIÓN
PARA MOMENTOS GRANDES

Quiero regalarte algo muy sencillo, que yo mismo estoy practicando. No es una fórmula mágica, no es un mantra, no sustituye la oración profunda ni la lectura de la Palabra.

Es simplemente una forma de alinear el corazón en medio del caos del día. Cuando me siento cargado, abrumado o disperso, cuando mi mente parece barrio lleno de pensamientos desordenados, oro algo como esto:

"Espíritu Santo, te respiro. Estás en mí. Dame tu fuerza repentina. Lléname de tu paz completa".

A veces lo digo antes de entrar a una reunión difícil, antes de responder un mensaje que puede herir, antes de comenzar un turno pesado, antes de seguir escribiendo un capítulo que toca fibras profundas. ¿Por qué "fuerza repentina"? Porque hay momentos en la vida en los que no tienes tres días para irte al monte, ni tres horas para un retiro personal. Hay decisiones que tienes que tomar en cinco minutos, con el corazón latiendo rápido, la mente saturada, el teléfono sonando. Y en esos momentos, el Espíritu no solo es el que te fortalece en procesos largos; también es el que te da fuerza repentina para hacer lo correcto ahora.

Y pido "paz completa" porque no necesitas solo fuerza para hacer cosas; necesitas paz para no hacer tonterías. La fuerza te ayuda a moverte; la paz te ayuda a no moverte en la dirección equivocada. Esa oración corta, repetida con fe en medio del ruido, se vuelve como un respiro profundo del alma, un recordatorio de que no estás solo y de que, aun ahí, el autor sigue escribiendo.

El Espíritu Santo y tu llamado creativo

Si has leído este libro completo, habrás notado cierta creatividad en los títulos, en la estructura de los capítulos, en la forma de enlazar personajes bíblicos con nuestra historia. A veces me han dicho: "Qué creativo eres, qué forma de hilar todo". Y, si te soy honesto, yo no soy tan creativo como parece. Lo que sí tengo es un Espíritu creativo que vive en mí.

El mismo Espíritu que se movió sobre la faz de las aguas en Génesis, el Espíritu que llenó de sabiduría a Bezalel para diseñar el tabernáculo, el Espíritu que inspiró salmos, parábolas, cartas, obras gigantescas de Dios en la historia, es el que hoy inspira canciones, ideas de negocio, estrategias para el hogar, maneras nuevas de tratar a los hijos. Y, sí, es el que da ideas para escribir. Él distribuye dones, talentos, llamados como quiere. Él sopla creatividad donde antes solo había rutina.

Por eso, cuando pienso en este libro, no se trata de decir: "Qué brillante es Saúl". Se trata de reconocer: "Qué paciente, qué generoso, qué insistente ha sido el Espíritu Santo con Saúl". Él es el que corrige, el que enfoca, el que corta párrafos que sobran, el que añade frases que faltaban, el que ilumina conexiones que yo no había visto. Él es el autor invisible que se toma el tiempo de sentarse conmigo y ayudarme a poner en papel lo que Él mismo ha estado escribiendo en mi corazón.

EL ESPÍRITU Y TUS ERRORES: NO TE QUEDES EN EL CAPÍTULO EQUIVOCADO

Pensemos un momento en Pedro. Hubo un capítulo doloroso en su historia: la noche en que negó a Jesús tres veces. Lo había seguido, había prometido fidelidad y, sin embargo, frente al fuego de un patio, dijo una y otra vez: "No lo conozco". El evangelio dice que, cuando cantó el gallo, Jesús lo miró, y Pedro "saliendo fuera, lloró amargamente" *(Lucas 22:61–62)*. Ese capítulo existe. No se borra. No se niega.

Pero gracias al Espíritu Santo, ese no fue el último capítulo.

Después vino la restauración. A la orilla del mar, Jesús volvió a encontrarse con Pedro y, mediante preguntas que sanaron más de lo que acusaron, le devolvió su llamado *(Juan 21:15–19)*. No lo dejó atrapado en su fracaso; lo volvió a poner en camino. Tres preguntas, tres respuestas y tres encargos distintos, con un mismo propósito: restaurar a un hombre para seguir pastoreando.

Y luego vino Pentecostés.

El mismo Pedro, ahora lleno del Espíritu Santo, se puso en pie y habló con valentía:

"Entonces Pedro, poniéndose en pie con los once, alzó la voz y les habló…"

(Hechos 2:14)

La respuesta fue asombrosa:

> *"Así que, los que recibieron su palabra fueron bautizados; y se añadieron aquel día como tres mil personas".*
>
> *(Hechos 2:41).*

El Espíritu no cambió el pasado de Pedro, pero transformó completamente su futuro.

¿Ves lo que hace el Espíritu Santo? No te deja atascado en tu peor capítulo. No arranca la página, pero tampoco te condena a vivir en ella. Él es un pasador de página por excelencia. Se acerca y te dice: "Sí, eso pasó. Sí, dolió. Pero no cierres el libro ahí. Todavía hay más por escribir".

Así que...
¿Recibiste al Espíritu Santo?

Volvamos, ahora sí, a la pregunta que da título a la sección anterior: «¿Recibisteis el Espíritu Santo cuando creísteis?». Tal vez tu respuesta sea algo como: "Sí, lo recibí, pero casi no hablo con Él. Sí, lo recibí, pero vivo como si estuviera solo. Sí, lo recibí, pero todavía interpreto mi historia con los mismos lentes de siempre". Si es así, estas páginas no son para condenarte, ni para decirte que eres un mal cristiano. Son una invitación.

Es una invitación a cultivar la relación con Él, a rendir tus deseos, tus agendas, tus distracciones, a alinear tu día con su presencia. Es una invitación a permitirle que Él sea el autor de tu historia, no el crítico severo que tú mismo inventaste en tu cabeza. A dejar que te enseñe a leer tu propia vida desde la mirada de Cristo.

Y si tu respuesta sincera es: "No estoy seguro... nunca había pensado en Él así", entonces este capítulo es una puerta. No necesitas una experiencia mística espectacular con luces, humo y efectos especiales. Necesitas abrir el corazón y decir, con fe sincera, algo tan simple como: "Jesús, creo en ti. Te recibo como mi Señor y Salvador. Y recibo al Espíritu Santo, el regalo que tú prometiste. Espíritu Santo, habita en mí. Guíame. Corrígeme. Consuélame. Enséñame a conocer a Jesús". Y luego, cada día, al caminar con Él, recordarte que no estás solo, que no eres huérfano, que hay alguien en tu interior que no se cansa de acompañarte.

BIENVENIDO A UNA VIDA ESCRITA DESDE ADENTRO

Si llegaste hasta aquí, ya te diste cuenta de algo importante: este no es un capítulo neutro. No es un capítulo más dentro del índice. Es el lugar donde reconocemos que todo lo demás tiene sentido porque Él está en medio. Todos los "¿Habrá alguien...?" que hemos visto a lo largo del libro Abraham, José, Moisés, Josué, Elías, Marta, la mujer del flujo de sangre, Pedro, Saulo de Tarso se sostienen porque el mismo Espíritu que obraba en la historia de ellos es el que está obrando en la tuya.

No sé en qué parte del libro de tu vida estás hoy. Puede ser un capítulo de dolor, confusión, un capítulo de regreso a casa, de espera o un capítulo de victoria que todavía no terminas de creer. Lo que sí sé es esto: si el Espíritu Santo está en ti, la historia no termina en derrota. Puede haber páginas arrugadas, párrafos tachados, lágrimas secas entre líneas, diálogos que te duelen recordar. Pero el autor en la sombra no ha soltado la pluma.

Él sigue escribiendo mientras tú duermes. Él sigue hilando cosas que hoy no entiendes. Él sigue usando personas, lugares, tiempos y procesos para darte una historia que, al final, refleje la gloria de Jesús. Bienvenido a una vida escrita desde adentro.

CIERRA LOS OJOS... Y RESPIRA

Permíteme terminar de forma muy simple. Ahí donde estás, si puedes, cierra un momento los ojos. Respira profundo. Siente cómo entra y sale el aire. Y mientras lo haces, dile al Señor, con tus propias palabras, algo como esto:

"Espíritu Santo... te respiro.
Estás en mí.
Gracias porque no escribo solo.
Gracias porque no peleo solo.
Gracias porque no sano solo.
Gracias porque no camino solo.
Te entrego mi historia, mis capítulos, mis heridas.
Enséñame a verte en cada página.
Y cuando yo quiera cerrar el libro,
recuérdame que apenas vamos por la mitad. Amén".

Y ahora sí, desde lo profundo del corazón, puedo volver a preguntarte: ¿recibisteis el Espíritu Santo? Si la respuesta es sí, vive como templo, no como turista. Si la respuesta es "no sé", deja que este sea el comienzo del capítulo más importante de tu historia: el día en que descubriste que el autor de tu vida decidió vivir adentro.

SECCIÓN VI

LA PREGUNTA QUE NOS ALCANZA

Cuando Dios busca a alguien... y te encuentra a ti

CAPÍTULO 15
¿HABRÁ ALGUIEN?

EL LLAMADO LLEGA CUANDO CREES QUE NO ESTÁS LISTO

TU Y YO

Cuando la historia vuelve al principio, pero tú ya no eres el mismo

He recorrido estas páginas contigo. Una a una. Capítulo tras capítulo. Pregunta tras pregunta. Interrupción tras interrupción. A veces avanzábamos a pasos firmes; otras, arrastrando los pies. Recordé mis propios temores, tus silencios, nuestras conversaciones internas. Y aunque no lo dijimos en voz alta, ambos sabíamos que este capítulo era inevitable. Porque toda pregunta de Dios es, en el fondo, una invitación camuflada.

Él no te preguntó "¿Por qué dudaste?" para avergonzarte. No te preguntó "¿Qué quieres que te haga?" para examinar tu fe. No te preguntó "¿Quién me tocó?" para exponer tu fragilidad. Te preguntó para llamarte. Es como si Dios nos hubiera estado preparando, derribando excusas hasta llegar a este momento: el momento en que nuestra respuesta ya no es intelectual, sino existencial.

Ahora, aquí estamos. En el punto donde ya no hace falta seguir explicando lo que Él puede hacer. Este capítulo no es teoría. Es decisión. Es ese instante entre la respiración y el próximo paso. Si has llegado hasta aquí, es porque, aunque no lo admitas, tu alma está diciendo: "Dios… si todavía me quieres usar, aquí estoy".

Este es el punto donde la teología se vuelve respiración; donde la fe se vuelve gesto; donde el susurro de Dios se vuelve mandato que no puedes ignorar. Heme aquí no son palabras sueltas. Es un terremoto interno. Es saber que la vida ya no pertenece solo a nuestros planes.

HE DESCUBIERTO ALGO —
DIOS ME LLAMÓ MIENTRAS YO DORMÍA

Déjame hablarte en primera persona, porque antes de ser autor, soy discípulo. También yo tengo mis batallas internas, mis silencios incómodos, mis noches en las que la almohada sabe más de mí que mi propio espíritu. Y fue ahí, en la oscuridad de mis dudas, donde entendí algo que cambió todo:

Dios me llamó cuando yo no estaba listo. Me interrumpió cuando yo no estaba buscando. Me habló mientras yo estaba distraído. Me despertó cuando yo mismo ya me había dado por vencido. Él no esperó a que tuviera un ministerio, un título, una biografía "digna". Me llamó cuando todavía olía a mar y a miedo, como Pedro. Cuando estaba cargado de historia, como José en la cárcel de Egipto. Cuando me sacudían los remordimientos como a Saulo camino a Damasco.

Y eso me quitó el peso de encima. Porque si Él me llamó cuando estaba dormido, entonces no necesita que yo esté perfecto para enviarme. Solo necesita que despierte.

Lo veo en la historia de José, aquel joven que se acostaba a dormir con sueños que nadie entendía, mientras Dios iba preparando el camino hacia Egipto y más allá (Génesis 37; 39–41). Lo veo en Elías, agotado en una cueva, siendo despertado por un susurro de la presencia divina (1 Reyes 19:9–13). Lo veo en Bartimeo, sentado al borde del camino, hasta que un día el ruido de una multitud y el nombre de Jesús lo despertaron a gritos de fe *(Marcos 10:46–52)*. Y lo veo en mí, cuando pensé que mis errores eran más fuertes que mi llamado.

> *"He aquí, mi amado habla y me dice:*
> *'Levántate, amada mía, hermosa mía, y ven.'"*
>
> *(Cantares 2:10)*

No era un ángel, no era un profeta: era Dios rompiendo la pereza espiritual para traerme a un lugar nuevo.

Si Él me llamó mientras dormía, no me volverá a dejar en la comodidad de una espiritualidad anestesiada. Esta voz que interrumpe es amor que no acepta mi miseria como destino.

HOY — NO DESPUÉS — ES EL DÍA DE RESPONDER

Te voy a decir algo que me costó años admitir: la excusa "cuando resuelva esto" nunca termina. Siempre hay un "cuando". Cuando sane. Cuando mejore. Cuando tenga tiempo. Cuando tenga fuerzas. Cuando todo encaje. Cuando los hijos crezcan. Cuando el crédito esté pagado. Cuando el ministerio sea reconocido. Cuando sienta que soy suficiente.

Pero Dios nunca ha sido un Dios de "cuando". Él es un Dios de "ahora".

Cuando Jesús le dijo a Mateo: "Sígueme" *(Mateo 9:9)*, no le dijo:

"Sígueme cuando hayas puesto tus cuentas al día".

- Cuando el Espíritu se derramó en Pentecostés, no esperó a que los discípulos tuvieran un plan perfecto *(Hechos 2:1–4)*.

- Cuando el ángel le dijo a Gedeón: "Ve con esta tu fuerza", no esperó a que Gedeón se sintiera valiente *(Jueces 6:14)*.

Por eso, cuando escuché en mi espíritu aquel susurro que no pude ignorar —ese "aquí estás, levántate"— supe que no era un poema bíblico. Era un ultimátum de amor. El momento no era después. El momento era ese mismo segundo. Y siento lo mismo para ti. Quizá estabas esperando un par de meses más de "preparación". Dios dice: "No lo pospongas. Responde ahora".

No es un ruego para mañana; es un ruego para hoy. Presentar tu cuerpo como sacrificio vivo no significa esperar la perfección, sino entregarte en estado bruto.

SI DIOS TE TRAJO HASTA AQUÍ, NO FUE PARA HACERTE ESPECTADOR

Quiero que lo entiendas: Dios no invierte preguntas en alguien sin propósito. Él no siembra confrontación en tierra estéril. No te hubiese seguido preguntando si solo quería entretenerte. Todo lo que pasó en capítulos anteriores —cada silencio, cada pausa, cada historia, cada verso bíblico— tenía un propósito: prepararte para este instante.

Ese suspiro que acabas de dar... sí, ese... ese es tu espíritu reconociendo que este capítulo no es teórico. Es personal. Dios no te ha estado entrenando para que observes. Te ha estado preparando para que respondas. Él no gasta palabras. *"Quien tenga oídos, que oiga" (Mateo 11:15)*. Y si has oído Sus preguntas en este libro, entonces has sido candidato a su llamado.

La Biblia está llena de gente que pensó que solo observaba. Moisés cuidaba ovejas cuando se encontró con la zarza ardiendo *(Éxodo 3:1–4)*. Elías se lamentaba bajo un enebro cuando Dios le susurró un nuevo destino *(1 Reyes 19:4–8)*. Marta se afanaba entre platos y tareas sin imaginar que aquel momento en su casa sería recordado en todas las generaciones *(Lucas 10:38–42)*. Bartimeo fue a sentarse, como siempre, al borde del camino… y ese día terminó siguiendo a Jesús por el camino *(Marcos 10:46–52).*

> *Dios no llama a espectadores. Llama a participantes. Y ahora te llama a ti.*

TU HISTORIA NO ES UN ESTORBO: ES MATERIA PRIMA DEL LLAMADO

Hubo una temporada en la que reclamé a Dios por mis propios fallos. "Señor, si tú sabías mis debilidades, ¿por qué me llamaste? Si tú viste mis heridas, ¿por qué insististe?". Me parecía injusto que me pidiera servirle cuando mis cicatrices gritaban tan fuerte. Pero su respuesta no fue audible y aun así, fue tan clara que me hizo detenerme:

"Porque tus heridas no descalifican mi llamado; son la habitación donde voy a manifestarme".

Ahí entendí algo que escuché predicado en una sola frase y que Dios me confirmó en carne propia: lo que tú llamas glitch, yo lo llamo puente. Un glitch es esa falla, ese error de sistema que hace que quieras botar el teléfono, la tableta o la computadora porque "ya no sirve". Pero a veces, con una actualización correcta, ese mismo aparato vuelve a funcionar mejor que antes.

Tus limitaciones, tus fallos, tus "errores de sistema" no son basura para Dios; son el material que Él utiliza para edificar algo que no se puede derribar. Dios nunca ha usado vidas impecables. Usa vidas disponibles. Dios no buscó a oradores perfectos; buscó a Isaías dispuesto a decir "Envíame a mí", como aquel día en que oyó la voz del Señor decir:

"¿A quién enviaré, y quién irá por nosotros? Entonces respondí yo: Heme aquí, envíame a mí".

(Isaías 6:8)

No buscó mentes brillantes únicamente; buscó corazones contritos.

La Escritura es un desfile de personajes con currículos poco impresionantes:

- **Abraham** mintió por miedo y aun así fue llamado padre de la fe *(Génesis 12:10–20)*.

- **José** fue vendido, traicionado y encarcelado antes de ver su propósito *(Génesis 37; 39–41)*.

- **Moisés** tartamudeaba y cargaba con la culpa de haber matado a un egipcio *(Éxodo 4:10; 2:11–15)*.

- **David** fue el menor, ignorado por su propio padre, y cargó cicatrices de pecado y culpa *(1 Samuel 16; 2 Samuel 11–12)*.

- **Pedro** negó a Jesús tres veces y aun así fue levantado para fortalecer a sus hermanos *(Lucas 22:54–62; Juan 21:15–19)*.

- **Marta** se ahogaba en afanes, hasta que aprendió que una sola cosa era necesaria *(Lucas 10:38–42)*.

- **La mujer del flujo de sangre** cargó doce años de vergüenza y rechazo *(Marcos 5:25–34)*.

- **Bartimeo** vivió gran parte de su vida sentado al margen del camino *(Marcos 10:46–52)*.

- **Saulo** persiguió a la iglesia antes de convertirse en Pablo, apóstol de Jesucristo *(Hechos 9; Gálatas 1:13–16)*.

Y, sin embargo, Dios los llamó y los usó.

La contundencia de 1 Corintios es clara:

"Sino que lo necio del mundo escogió Dios, para avergonzar a los sabios; y lo débil del mundo escogió Dios, para avergonzar a lo fuerte; y lo vil del mundo y lo menospreciado escogió Dios, y lo que no es, para deshacer lo que es, a fin de que nadie se jacte en su presencia".

(1 Corintios 1:27–29)

Lo que para nosotros es un defecto, para Dios es un lienzo.

Eso significa que mis *glitches* no son excusa para quedarme fuera; son el lienzo donde Dios quiere mostrar su gracia. Deja de pensar que tu historia es un estorbo. Es tu semilla. Dios te vio en tu infancia, en tu oscuridad, en cada derrota. Y, como le dijo a Jeremías:

"Antes que te formase en el vientre te conocí, y antes que nacieses te santifiqué, te di por profeta a las naciones".

(Jeremías 1:5)

Él no es sorprendido por tus heridas; las convierte en plataformas.

El llamado se activa con una sola frase:
"Heme aquí. Envíame a mí".
No dije: "Heme aquí, cuando termine este proceso".
Ni: "Heme aquí, si me prometes que no va a doler".
Ni: "Heme aquí, si me garantizas resultados".

Solo dije: "Envíame". Y descubrí que esa palabra es un puente. Hay oraciones que abren ventanas. Pero "envíame" abre caminos.

Isaías 6 narra la escena de un trono, un templo lleno de humo y serafines, el profeta viendo la gloria de Dios, dándose cuenta de su pecado y recibiendo purificación. Inmediatamente después, Dios pregunta: "¿A quién enviaré, y quién irá por nosotros?". Y Isaías responde con la frase que ha atravesado siglos: "Heme aquí, envíame a mí" (Isaías 6:8). Su disponibilidad fue lo que activó su destino.

La historia que hemos recorrido en este libro está llena de personas que, de una u otra forma, decidieron dar el primer paso.

Hay frases que cambian destinos. "Heme aquí" es una de ellas. No subestimes el poder de una simple disponibilidad. Si te atreves a decirlo de verdad, Dios se atreverá a mostrarte lo que había preparado desde hacía años.

No necesitas más recursos: ya tienes lo esencial

Otra gran mentira que nos paraliza es creer que para responder al llamado necesitamos tenerlo todo: el equipo perfecto, la plata suficiente, los seguidores, la influencia, el título especial. Pero Dios no está esperando eso. Él necesita tres cosas y ya las puso a tu alcance:

Tu disponibilidad. Tu "sí" sincero, aunque tengas miedo. Dios no te obligará a servirle. Él respeta tu libertad, pero anhela tu participación. Un corazón que se rinde delante de Él es el grito que le hace voltear el rostro y sonreír.

Su Palabra. La Biblia no es un accesorio; es tu brújula. Ella renueva tu mente y te recuerda quién eres en Cristo. El salmista lo dijo así:

"Lámpara es a mis pies tu palabra, y lumbrera a mi camino".
(Salmo 119:105)

Pablo lo expresó a los Efesios recordándonos que somos:

"hechura suya, creados en Cristo Jesús para buenas obras, las cuales Dios preparó de antemano para que anduviésemos en ellas".
(Efesios 2:10)

Sin la Palabra, hacemos ruido. Con la Palabra, hacemos historia.

Su Espíritu. No estamos solos en esto. Jesús prometió otro Consolador para que nos guiara a toda verdad *(Juan 14:16–17)*. El Espíritu Santo trae a memoria lo que Jesús ha dicho, nos convence, nos empodera, nos hace llorar y reír, nos impulsa a hacer cosas que solos no haríamos. Él es el que nos levanta a medianoche para orar, el que nos hace temblar en presencia del pecado, el que nos da valentía para hablar cuando preferimos callar.

Disponibilidad para moverte. Palabra para guiarte. Espíritu para sostenerte. Todo lo demás... llega en el camino. No despreciemos lo sencillo. No digas "no tengo" cuando tienes a Dios.

ES HORA DE DESPERTAR

Permíteme ser muy honesto. A veces, la batalla más peligrosa no es el pecado visible. Es la somnolencia espiritual. Esa tibieza donde sabes que Dios te está empujando, pero tú sigues diciendo "más tarde". Ese letargo donde escuchas su voz, pero sigues postergando tu obediencia. Ese sueño donde estás vivo, pero no despierto.

Si este libro ha hecho algo en ti —si algo se movió, si una pregunta te perturbó o una frase te abrió los ojos—, entonces entiende esto: esto es Dios sacudiéndote el hombro. Diciéndote: "Es hora." Él ya nos dio sus pensamientos, como declaró el salmista:

> *"¡Cuán preciosos me son, oh Dios, tus pensamientos! ¡Cuán grande es la suma de ellos! Si los enumero, se multiplican más que la arena; despierto, y aún estoy contigo".*
>
> *(Salmo 139:17–18)*

No son pensamientos para dormir; son ideas para vivir.

¿Recuerdas cuando Jesús estuvo en la barca con los discípulos y se desató una tormenta? Él dormía y ellos se desesperaban. Lo despertaron con temor: "Maestro, ¿no tienes cuidado que perecemos?". Y Jesús se levantó, reprendió al viento y al mar y dijo:

> *"Calla, enmudece".*

> *"Y cesó el viento, y se hizo grande bonanza. Y les dijo: '¿Por qué estáis así amedrentados? ¿Cómo no tenéis fe?'"*
>
> *(Marcos 4:38–40)*

No era solo una lección sobre milagros; era una confrontación a su mentalidad. Ellos estaban despiertos físicamente, pero dormidos espiritualmente.

Dormir en medio de tu llamado es peligroso. Puedes perder momentos irrepetibles. Puedes convertir pequeñas desobediencias en grandes tormentas. Puedes terminar como Saulo antes de Damasco: corriendo rápido, pero en la dirección equivocada *(Hechos 9:1–2)*.

Por eso, déjame decirlo en voz alta:

¡Despierta!

No fuerte. No perfecto. Solo despierto. Porque cuando alguien despierta, todo cambia. Ve lo que antes ignoraba. Siente lo que antes anestesiaba. Oye lo que antes callaba. Y responde a Dios con obediencia donde antes se justificaba, se postergaba o se escondía.

ANTES DE ENVIARTE, DIOS QUIERE ASEGURARSE DE QUE ESTÁS DESPIERTO

Dios no busca robots que obedezcan sin corazón. Busca hijos que obedezcan desde el amor. Por eso, antes de enviarte, asegura tu despertar. Quizá te sientes débil, pero el apóstol declaró:

"Así que, hermanos, os ruego por las misericordias de Dios, que presentéis vuestros cuerpos en sacrificio vivo, santo,

agradable a Dios, que es vuestro culto racional. No os conforméis a este siglo, sino transformaos por medio de la renovación de vuestro entendimiento, para que comprobéis cuál sea la buena voluntad de Dios, agradable y perfecta".

(Romanos 12:1–2)

Eso es despertar. Presentarte. Renovar tu mente. Romper moldes mundanos y abrazar la mente de Cristo *(1 Corintios 2:16).*

El despertar espiritual no siempre viene con truenos y relámpagos. A veces se parece a un suspiro en la cocina, cuando lavas platos y sientes que Dios te dice: "¿Por qué no empiezas a animar a esa vecina que siempre ves sola?". A veces se manifiesta cuando estás manejando y de repente decides apagar la radio y orar en voz alta. A veces es un mensaje de texto a alguien a quien debes perdonar. A veces es una inscripción en un curso bíblico. A veces es postularte para servir en tu iglesia, aunque solo sea para recibir a las personas con una sonrisa. No menosprecies esos despertares. Son preludio de tu llamado.

EL LLAMADO NO ES PARA GIGANTES: ES PARA GENTE REAL

Yo también creí que Dios solo llamaba a los "grandes". A los de la Biblia. A los de púlpito. A los que nunca fallan. Pero la Biblia no está llena de gigantes. Está llena de gente común, obediente en momentos extraordinarios. Son personas que dijeron "sí" cuando había riesgo. Personas que renunciaron a su comodidad para abrazar la aventura divina.

El autor de Hebreos lo escribió en una lista de héroes de la fe que no debieron estar allí según los estándares humanos *(Hebreos 11)*. Entre ellos encontramos hombres y mujeres con historias complicadas, exiliados, forasteros, gente que se sostuvo viendo "al Invisible".

Ellos están ahí no por su perfección, sino por su fe. Y todos tenían algo en común: obedecían lo que entendían y confiaban en lo que no entendían.

Dios no va a esperar a que te conviertas en un héroe para llamarte. Él te llama para que, en sus manos, seas un testimonio de su grandeza. Así que, si te sientes pequeño, débil o inadecuado, estás en excelente compañía.

EL LLAMADO ESTÁ EN TUS MANOS (LITERALMENTE)

Mientras escribo estas últimas líneas, miro mis propias manos. No son manos famosas. No son manos perfectas. No son manos teológicas. Son manos humanas y aun así, Dios decidió escribir su historia sobre ellas. Y ahora miro tus manos. Quizá tímidas. Quizá temblorosas. Quizá heridas. Pero listas.

Permíteme recordarte el Salmo 139:

> *"Porque tú formaste mis entrañas; tú me hiciste en el vientre de mi madre. Te alabaré; porque formidables, maravillosas son tus obras; estoy maravillado, y mi alma lo sabe muy bien. No fue encubierto de ti mi cuerpo, bien que en oculto fui formado, y entretejido en lo más profundo de la tierra. Mi embrión vieron tus ojos, y en tu libro estaban escritas todas aquellas cosas que fueron luego formadas, sin faltar una de ellas. ¡Cuán preciosos me son, oh Dios, tus pensamientos! ¡Cuán grande es la suma de ellos!".*

(Salmo 139:13–17)

Eso significa que tus manos fueron diseñadas para algo específico. No son producto del azar. No son un accidente evolutivo. Son obra maestra divina. En ellas, Dios colocará tareas, semillas, oportunidades.

Cada vez que sostienes un teléfono para llamar a alguien que necesita esperanza, estás siendo llamado. Cada vez que abrazas a un hijo que duda, estás respondiendo. Cada vez que escribes un mensaje que inspira a otro, estás diciendo "aquí estoy". Cada vez que entregas una bolsa de comida a alguien que tiene hambre, estás viviendo tu llamado. No subestimes lo cotidiano. Es escenario de lo eterno.

Dios no pone un libro como este en manos que no van a usarse. Si está en tu mano... es porque tú eres parte de lo que Dios está haciendo.

ESTE ES EL MOMENTO DONDE DECIDES

No mañana. No después de sanar. No cuando te sientas "digno". Hoy. Aquí. Tú y Dios. Él preguntó. Él interrumpió. Él habló. Él te formó. Él te preparó. Y ahora te mira. No para examinarte, sino para escucharte.

El Espíritu Santo es caballero. No te obligará a levantarte. Pero te invitará. El mundo quiere muchos proyectos; Dios busca un corazón. La cultura celebra planes; Dios abraza síes. Este capítulo no te demanda un horario; te demanda una postura. Una postura de entrega, de rendición, de apertura.

Imagínate a Isaías respirando profundamente en el templo mientras escucha la pregunta celestial. Podría haber dicho: "Estoy ocupado con los sacrificios". Podría haber dicho: "Que vayan los serafines". Podría haber dicho: "Envíame mañana". Pero no. Él respondió desde su interior: "Heme aquí". Y ese eco todavía resuena miles de años después.

Hoy, tu voz puede unirse al eco. Y quizá, dentro de cincuenta años, alguien se inspire en tu sí. Quizá un niño que te observa servir pensará: "Si él pudo, yo también". Quizá tu obediencia sea la semilla de un avivamiento en tu comunidad. Quizá tu sí sea el susurro que despierte a otra alma dormida.

HEME AQUÍ

Llegamos a las últimas líneas y mi corazón late fuerte. No por temor, sino por expectativa. Siento que escribo estas palabras en compañía de ángeles que celebran cada decisión tomada en secreto. Porque sé que no estoy escribiendo para un lector pasivo. Escribo para alguien que está a punto de responder a Dios con todo.

Señor…

Si de algo ha servido este libro, que sea esto:

Heme aquí.

No tengo todo resuelto. Pero tengo tu Palabra que me recuerda que soy obra maestra tuya, *"hechura tuya, creado en Cristo Jesús para buenas obras" (Efesios 2:10)*.

No tengo todas las respuestas. Pero tengo tu Espíritu que intercede por mí con gemidos indescriptibles:

> *"Y de igual manera el Espíritu nos ayuda en nuestra debilidad; pues qué hemos de pedir como conviene, no lo sabemos, pero el Espíritu mismo intercede por nosotros con gemidos indecibles".*
>
> *(Romanos 8:26)*

No tengo un mapa completo. Pero tengo tu voz, que me dice:

> *"Entonces tus oídos oirán a tus espaldas palabra que diga:*
> *'Este es el camino, andad por él;*
> *y no echéis a la mano derecha, ni tampoco torzáis a la mano*
> *izquierda.'"*

(Isaías 30:21)

Y eso es suficiente.
Si estabas esperando que despertara... ya desperté.
Si estabas esperando mi disponibilidad... aquí está.

Si estabas esperando mi respuesta... te la entrego:
Envíame a mí.

A donde quieras. Cuando quieras. Como quieras.
Te ofrezco mi temor, mi valentía, mi alegría y mi tristeza. Te entrego mis manos temblorosas y mi voz insegura. Te entrego mis días buenos y mis días malos. Te entrego mis sueños rotos y mis anhelos más secretos. Úsame. Transforma. Sostén. Habla. Guía. Cambia.

Y cuando mi voz tiemble... Tú habla por mí.
Y cuando mis pies duden... Tú empújame.
Y cuando me cueste obedecer... recuérdame este momento.
No otro día. No otra temporada. **Hoy.**

Este es el capítulo donde yo digo "sí". Y este "sí" será el eco que me acompañará en todo lo que viene. No porque soy grande. Sino porque tú lo eres.
Heme aquí. Envíame a mí.

EPÍLOGO
¿VIVIRÁN ESOS HUESOS?

LA ÚLTIMA PREGUNTA QUE DIOS TE HACE ANTES DE ENVIARTE

Hay preguntas que Dios hace mientras caminas…
y hay preguntas que solo hace cuando ya no puedes más.

Por eso este libro no podía terminar en un monte, ni en un llamado glorioso, ni en una plataforma espiritual.

Tenía que terminar en un valle:
seco, silencioso, lleno de huesos donde no queda apariencia de vida.

Porque antes de lanzar a un hombre o una mujer al llamado,
Dios hace la pregunta que expone todo:

"¿Vivirán estos huesos?" (Ezequiel 37:3)

No es una pregunta para el fuerte. Es una pregunta para el honesto. Para el que sabe que hay áreas dentro de sí que murieron hace tiempo.

Para el que quiere decir "sí", pero carga cansancio, culpa, dudas, interrupciones, y temporadas donde el alma se secó sin darse cuenta.

EL VALLE NO NIEGA TU LLAMADO; REVELA DÓNDE NECESITAS AL ESPÍRITU

Ezequiel no llegó al valle por torpeza. Dios lo llevó ahí.

Así le ocurre al que ha dicho **"Señor, aquí estoy":**

Dios te enseña no solo dónde te quiere usar, sino qué parte de ti necesita resurrección primero. Porque hay llamados que se dicen con valentía, pero solo se sostienen con Espíritu.

Y en ese valle Dios te muestra:

"No importa cuán bien hables, cuánto sepas o cuánto intentes. Sin mi soplo… no hay vida."

LA RESPUESTA MÁS SINCERA ES TAMBIÉN LA QUE ABRE EL CIELO

Cuando Dios pregunta:

"¿Vivirán estos huesos?", Ezequiel no responde con fe heroica ni con teología profunda.

Solo dice:

"Señor Jehová, tú lo sabes". (Ezequiel 37:3)

Esa frase no es derrota; es rendición.

Es admitir:

"Señor, yo puedo hablar, pero solo tú puedes soplar".

"Yo puedo obedecer, pero solo tú puedes vivificar".

Ese es el corazón del llamado verdadero:

un sí humilde, no perfecto.

EL LLAMADO QUE DIOS TE DIO NO MUERE EN TUS MANOS; VIVE EN SU ALIENTO

Ezequiel habló.

Los huesos se juntaron.

Los tendones aparecieron.

La carne cubrió el cuerpo.

Se formó la estructura.

Pero aun así no había vida.

Porque puedes tener orden, disciplina, devoción, Escritura, dones, talentos...

y aun así estar vacío por dentro.

OBEDECES... Y DIOS SOPLA

Entonces Dios le dice:

"Profetiza al Espíritu".

Y cuando el Espíritu sopla, el valle cambia. Los huesos se levantan. La esperanza regresa. Y lo que parecía imposible se convierte en ejército.

Ese es el mensaje final:

Dios no te llamó porque estás vivo.

Te llamó porque Él piensa soplar.

TU VALLE NO ES TU FINAL; ES TU EVIDENCIA

Ese lugar donde tú mismo dices:

"Esto no revive".

"Esto no tiene arreglo".
"Esto ya murió".

Ahí mismo Dios quiere demostrar su gloria. Ahí mismo Dios quiere reescribir tu historia. Ahí mismo Dios quiere mostrar que el llamado no depende de tu fuerza, sino de su Espíritu.

No eres llamado porque eres fuerte, ni porque estás listo, ni porque tienes control. Eres llamado porque Dios vio un valle en ti y decidió soplar.

CIERRE

No temas a los huesos secos. No temas los silencios.
No temas las pausas. No temas a los lugares donde ya no ves vida.

Porque si Dios te hizo la pregunta...
también tiene la respuesta.

**Y cuando Él sople,
todo lo que pensabas muerto
se levantará.**

AGRADECIMIENTOS

A mi Señor Jesús,
que me buscó cuando yo no estaba buscándolo, que me llamó por mi nombre aun cuando yo estaba sinceramente equivocado, y que convirtió mis pausas en camino. Todo lo que soy, todo lo que escribo y todo lo que espero ser... procede de tu gracia.

A Milka, la compañera que Dios preparó para mi corazón. Gracias por tu paciencia, tu consejo, tu sabiduría, tu discernimiento, tu abrazo a tiempo, y por caminar conmigo aun en mis procesos más torpes. Dios usó tu voz para detenerme cuando yo no sabía detenerme a mí mismo.

A mis hijos, Christian, Joel y Jonathan,
mi herencia, mi legado y mi mayor oración.
Ustedes son las preguntas más profundas que Dios me ha hecho, y también las respuestas más inesperadas.
Este libro nace pensando en ustedes... y en la generación que viene detrás.

A mamita, Rosaura.
Gracias por ser un pilar firme en mi vida, por tu valentía en momentos donde otros habrían caído, por tu liderazgo silencioso y a la vez poderoso, por tu ejemplo de fe, disciplina, sacrificio y amor. Eres una mujer baluarte, singular, escogida por Dios para marcar mi historia más de lo que imaginas.

Muchas de las semillas de este libro fueron sembradas primero en tu corazón.

A mis suegros, Nicolás y Amparo.
Gracias por su ejemplo, su fe inquebrantable, su vida entregada al Señor, y las huellas que han dejado en nuestra familia. Amparo, gracias por aceptar escribir el prólogo de este libro. Tus palabras llegaron en el momento justo y reflejan un corazón sensible a la voz del Espíritu. Honro tu disposición y tu obediencia.

A Elizabeth Vargas, mi editora.
Gracias por tu dedicación, tu excelencia, tu mirada detallista, tu cariño por cada palabra y tu pasión por la obra del Señor. Dios te usó para pulir no solo un manuscrito, sino una misión. Tu labor tiene impacto eterno.

A mi familia extendida,
a quienes han sido parte de mi historia, de mis procesos, de mis altos y bajos. Cada conversación, cada oración y cada abrazo formaron capítulos dentro de este capítulo.

A los amigos que se quedaron cerca aun cuando mis caminos estuvieron torcidos, los que escucharon mis frustraciones, los que celebraron mis pequeños avances y los que me corrigieron con amor.
Ustedes son parte del "Saulo, Saulo..." que me devolvió a Cristo.

A mis hermanos en la fe,
a maestros, pastores, mentores, líderes y compañeros de ministerio que de una forma u otra marcaron mis pasos. Muchos de ustedes son "Ananías" que Dios envió sin que yo lo viera venir.

A los lectores.
Gracias por abrir estas páginas con corazón dispuesto.
Oro para que cada pregunta de este libro sea un eco del Espíritu en su alma y que ustedes también descubran que Dios no llama a los perfectos, sino a los disponibles.

Toda la gloria, siempre,
para Aquel que sigue preguntando:

"¿Habrá alguien...?"

Para quienes desean conocer dónde comenzó el camino

Antes de *¿Habrá alguien?*, este recorrido
comenzó con un primer libro:

Nicolás: El legado de un hombre de Dios

Una historia de fe vivida, obediencia silenciosa
y herencia espiritual.

Este libro no es un requisito para leer el que tienes
en tus manos, pero puede ayudarte a comprender
el origen de muchas de las preguntas, temas y llamados
que resuenan a lo largo de estas páginas.

ACERCA DEL AUTOR

Saúl Miranda es un esposo, padre, líder y escritor que ha aprendido a escuchar a Dios en los caminos menos esperados. Nacido en Puerto Rico y establecido en Florida, Saúl ha dedicado su vida a servir con excelencia tanto en su ámbito profesional como en su caminar espiritual.

Inició su formación profesional en el campo de las comunicaciones, donde obtuvo un bachillerato en Comunicaciones con concentración en Publicidad, así como un grado asociado en Artes Gráficas. Durante esa etapa trabajó en medios impresos como El Nuevo Día Orlando y La Prensa, desarrollando una sensibilidad especial para la narrativa, el diseño y el poder de la palabra escrita. Aquellos años sentaron las bases de su manera de comunicar: clara, humana y con intención.

Durante casi diez años trabajó en la industria hotelera de lujo —en JW Marriott y Ritz-Carlton Orlando— donde comenzó desde posiciones básicas hasta convertirse en supervisor de panadería. Más adelante, su trayectoria lo llevó a Disney, donde actualmente sirve como Assistant Pastry Sous Chef en Magic Kingdom. Su liderazgo se distingue por la humildad, la creatividad, la empatía y un profundo deseo de hacer crecer a otros mientras él mismo continúa siendo formado.

Pero más allá del oficio culinario, Saúl es un hombre marcado por la gracia.

Su historia está llena de interrupciones divinas, pausas inesperadas, procesos profundos y momentos donde Dios le preguntó —como a tantos personajes bíblicos— las preguntas que cambian la vida. De esas conversaciones con el cielo nacen sus libros.

Es fundador de Editorial Semillas de Luz, un proyecto que combina su pasión por la enseñanza pastoral, la escritura íntima y el deseo de dejar un legado espiritual para sus hijos y futuras generaciones. Su primer libro, Nicolás: El Legado de un Hombre de Dios, honra la fe y el testimonio de su suegro, un siervo fiel que marcó a toda su familia. ¿Habrá Alguien? es su segunda obra, un viaje bíblico y personal a través de las preguntas que Dios hace cuando quiere despertar un corazón.

Saúl escribe como habla: con honestidad, humor, vulnerabilidad y un toque profético. Sus páginas están llenas de humanidad, pero también de esperanza. No pretende ser un experto; pretende estar disponible. No escribe desde la perfección, sino desde la gracia que lo alcanzó.

Vive en Davenport junto a su esposa Milka —su compañera, su mejor amiga y el regalo más preciso de Dios— y sus hijos Christian, Joel y Jonathan, quienes son su mayor inspiración y su ministerio más amado.

Para Saúl, cada libro es una semilla. Cada capítulo es una conversación. Y cada pregunta divina es una puerta abierta para que otros descubran que, aun cuando estamos sinceramente equivocados…

Dios sigue llamando.

Una respuesta en adoración

Este libro nació de una pregunta.
La adoración Heme Aquí nació como respuesta.

Escanea el código para continuar
este llamado en oración y música.